DCV

DIE SCHRIFTEN DES HEILIGEN FRANZISKUS VON ASSISI

Herausgegeben von
Lothar Hardick OFM und Engelbert Grau OFM

Franziskanische Quellenschriften
Band 1
TASCHENBUCHAUSGABE

1 9 8 1

Dietrich-Coelde-Verlag, Werl/Westfalen

EDIZIONI PORZIUNCOLA
S. MARIA DEGLI ANGELI — ASSISI

ISBN 3 87163 136 1
Mit kirchlicher Druckerlaubnis

Vorwort

Im Jahre 1951 erschien die erste Auflage der Schriften des hl. Franziskus von Assisi als Band 1 der Buchserie „Franziskanische Quellenschriften". Nachdem P. Kajetan *Eßer* OFM die kritische lateinische Neuausgabe der Schriften des hl. Franziskus vollendet hatte, konnten wir Ende 1980 die sechste, völlig neu bearbeitete Auflage dieser Schriften in deutscher Sprache herausbringen. Man darf feststellen, daß diese mehrfach aufgelegte Ausgabe der Schriften des hl. Franziskus sich einen festen Platz in der franziskanischen Familie und weit darüber hinaus erworben hat.

Die hiermit vorgelegte Taschenbuch-Ausgabe der Schriften will die größere Ausgabe in den „Franziskanischen Quellenschriften" nicht verdrängen und kann dies auch nicht. Wer sich genauer über all die Fragen informieren will, die mit den Gedanken des hl. Franziskus in seinen Schriften zusammenhängen, ist weiterhin auf die größere Ausgabe angewiesen.

Die Taschenbuch-Ausgabe war schon seit längerer Zeit ein dringender Wunsch vor allem in den franziskanischen Ordensgemeinschaften. Sie folgt im Text der Schriften der größeren Ausgabe. Allerdings sind einige kleinere Korrekturen eingearbeitet, die sich inzwischen als notwendig erwiesen haben. Auf die große allgemeine Einführung wurde verzichtet, ebenso auf die Erläuterungen am Schluß und das Register. Die Anmerkungen wurden gekürzt, ebenso die speziellen Einleitungen zu den einzelnen Schriften. Auch wurde bei einigen Schriften, z. B. „Brief an die Gläubigen II" und „Brief an den gesamten Orden" durch Zwischenüberschriften eine deutlichere Gliederung angestrebt.

Die stärkste Abweichung ist mit dem „Mahnlied für die Schwestern der heiligen Klara" gegeben. In der 6. Auflage der Schriften des hl. Franziskus vom Jahre 1980 haben wir dieses „Mahnlied" mit der Überschrift „Mahnung für die Schwestern der heiligen Klara" unter die „Diktate" eingereiht (SS. 224-226). Da die handschriftliche Bezeugung dieses 1976 von P. G. *Boccali* OFM entdeckten Mahnliedes sehr schwach ist, wollten wir uns nicht vorschnell für die Echtheit entscheiden, zumal die angesichts der schmalen Handschriften-Basis ausschlaggebenden fachphilologischen Untersuchungen noch fehlten. Diese liegen inzwischen vor und sprechen eindeutig für die Echtheit. Es hat sich auch gezeigt, daß es ein wirkliches Lied mit reimartigen Strophen ist. Darum wurde diesem „Mahnlied" ein Platz unter den nachweislich echten Schriften des hl. Franziskus eingeräumt.

Diese Taschenbuch-Ausgabe war vor allem von denen gewünscht, die diese Schriften des hl. Franziskus bereits gut kennen und sie in einer wenig umfangreichen, handlichen Ausgabe möglichst immer mitnehmen möchten, sie möglichst „in der Tasche" bei sich haben wollten, um sich immer wieder von den Gedanken des hl. Franziskus anregen und bereichern zu lassen. In seinem Testament hat Franziskus gesagt: „Und immer sollen sie dieses Schriftstück bei sich haben neben der Regel" (Test 36). Diese Taschenbuch-Ausgabe folgt also dem Wunsch des hl. Franziskus, die Seinen möchten das, was er in seinen Schriften als geistliches Erbe hinterlassen hat, immer bei sich haben können.

München | Karlsruhe

am Pfingstfest, dem 7. Juni 1981

Engelbert Grau OFM | Lothar Hardick OFM

Abkürzungen

Bonaventura, Großes Franziskusleben: Franziskus, Engel des sechsten Siegels. Sein Leben nach den Schriften des hl. *Bonaventura.* Einführung, Übersetzung, Anmerkungen von S. *Clasen* OFM, Werl i. W.², 1980 (FranzQuSchr 7), S. 251-385.

Celano: Thomas von Celano, Leben und Wunder des hl. Franziskus von Assisi. Einführung, Übersetzung, Anmerkungen von E. *Grau* OFM, Werl i. W.³, 1980 (FranzQuSchr 5).

CSEL: Corpus Scriptorum Ecclesiasticorum Latinorum, Vindobonae, seit 1866.

Eßer, Die Opuscula: K. *Eßer* OFM, Die Opuscula des hl. Franziskus von Assisi. Neue textkritische Edition. Grottaferrata 1976 (Spicilegium Bonaventurianum, 13).

Eßer, Opuscula: Opuscula sancti patris Francisci Assisiensis denuo edidit iuxta codices mss. Caietanus Esser, Grottaferrata 1978 (Bibliotheca Franciscana Ascetica Medii Aevi, 12).

Eßer, Studien: K. Eßer OFM, Studien zu den Opuscula des hl. Franziskus von Assisi. Hrsg. von E. *Kurten* OFM und *Isidoro de Villapadierna* OFMCap, Rom 1973 (Subsidia scientifica franciscalia, 4).

FranzQuSchr: Franziskanische Quellenschriften, seit 1951 Werl i.W.

PL: Patrologiae cursus completus, Series latina, ed. J. P. *Migne,* Paris, seit 1844.

INHALTSÜBERSICHT

Aufforderung zum Lobe Gottes[1] (Auff)

Dieses Lied ist ein Vorläufer des Sonnengesanges. Es ist ein frühes Zeugnis für die Art des Heiligen, im Gebet seine Verbundenheit mit allen Geschöpfen vor Gott auszusprechen. Er lädt alle Geschöpfe ein, mit ihm den Herrn und Schöpfer zu loben.

1 „Fürchtet den Herrn und gebt ihm die Ehre" (Offb 14, 7).
2 Würdig ist der Herr, zu empfangen Lobpreis und Ehre (vgl. Offb 4, 11).
3 Alle, die ihr den Herrn fürchtet, lobpreiset ihn (vgl. Ps 21, 24).
4 „Gegrüßet seist du, Maria, voll der Gnade, der Herr ist mit dir" (Lk 1, 28).
5 Lobt ihn, Himmel und Erde (vgl. Ps 68, 35).
6 Lobt den Herrn, all ihr Flüsse (vgl. Dan 3, 78).
7 „Loppreiset den Herrn, ihr Kinder Gottes" (vgl. Dan 3, 82).
8 „Dies ist der Tag, den der Herr gemacht hat, laßt uns jubeln und uns freuen an ihm" (Ps 117, 24). Alleluja, Alleluja, Alleluja! „Du König Israels" (Joh 12, 13)!
9 „Jeglicher Geist lobe den Herrn" (Ps 150, 6).
10 „Lobt den Herrn, denn er ist gut" (Ps 146, 1); alle, die ihr dies lest, „lobpreiset den Herrn" (Ps 102, 21).
11 Alle Geschöpfe, lobpreiset den Herrn (vgl. Ps 102, 22).
12 „Alle Vögel des Himmels", lobt den Herrn (vgl. Dan 3, 80; Ps 148, 7-10).
13 Alle Kinder, lobt den Herrn (vgl. Ps 112, 1).
14 Jünglinge und Jungfrauen, lobt den Herrn (vgl. Ps 148, 12).
15 „Würdig ist das Lamm, das geschlachtet ist", zu empfangen Lob, Herrlichkeit und Ehre (vgl. Offb 5, 12).
16 „Gepriesen sei die heilige Dreifaltigkeit und ungeteilte Einheit"[2].
17 „„Heiliger Erzengel Michael, verteidige uns im Kampfe"[3].

[1] Der lateinische Titel lautet: „Exhortatio ad laudem Dei" (Abkürzung: ExhLD). Lateinische Ausgabe: *Eßer*, Die Opuscula, 277-284; *Eßer*, Opuscula, 154-156.

[2] Aus dem Introitus der Messe am Fest der heiligsten Dreifaltigkeit im früheren Missale.

[3] Aus dem Allelujavers der Messe am Fest des hl. Erzengels Michael (29. September) im früheren Missale.

Brief an den heiligen Antonius[1] (BrAnt)

Der Brief ist Ende 1223, wahrscheinlicher aber zu Anfang 1224 geschrieben worden. Er gibt deutlich Auskunft darüber, unter welchen Bedingungen Franziskus das Studium der Theologie bei seinen Brüdern gutgeheißen und gebilligt hat.

1 Dem Bruder Antonius, meinem Bischof[2], wünsche ich, Bruder Franziskus, Heil.

2 Es gefällt mir, daß du den Brüdern die heilige Theologie vorträgst, wenn du nur nicht durch dieses Studium den Geist des Gebetes und der Hingabe auslöschest, wie es in der Regel[3] steht.

---

[1] Der lateinische Titel lautet: „Epistola ad s. Antonium" (Abkürzung: EpAnt). Lateinische Ausgabe: *Eßer,* Die Opuscula, 147-154, *Eßer,* Opuscula, 94-95.

[2] Im Wort „Bischof" drückt sich die große Ehrfurcht aus, mit der Franziskus das Amt eines Lehrers der Theologie gesehen hat. Vgl. dazu Test 13.

[3] Vgl. BReg 5, 2.

Brief an die Gläubigen I[1] (BrGl I)

(Ermahnung an die Brüder und Schwestern von der Buße)

Dieser Text ist eine Vorstufe der längeren Fassung dieses Schreibens (vgl. BrGl II). Er gibt Aufschluß über die wichtigsten Gedanken, mit denen Franziskus das Leben der Brüder und Schwestern von der Buße religiös formen wollte. Es handelt sich um Gruppen, aus denen sich später der so genannte „Dritte Orden" bildete. Diese Schrift eröffnet Blicke in das religiöse Innenleben des Heiligen selbst bis hin in seine mystische Tiefe.

Im Namen des Herrn

[Kapitel 1] Von denen, die Buße tun

1 Alle, die den Herrn „lieben aus ganzem Herzen, aus
ganzer Seele und ganzem Sinnen, aus ganzer Kraft" (vgl.
Mk 12, 30) und ihre Nächsten lieben wie sich selbst (vgl.
2 Mt 22, 39) / und ihr verkehrtes Ich[2] mit seinen Lastern
3 und Sünden hassen / und den Leib und das Blut unseres
4 Herrn Jesus Christus empfangen / und würdige Früchte
5 der Buße bringen: O wie selig und gebenedeit sind jene
Männer und Frauen, wenn sie tun und darin ausharren, /
6 denn „auf ihnen wird der Geist des Herrn ruhen" (vgl.
Jes 11, 2), und er wird sich bei ihnen eine Wohnung und
7 Bleibe schaffen (vgl. Joh 14, 23), und sie sind Kinder des
himmlischen Vaters (vgl. Mt 5, 45), dessen Werke sie tun,
und sie sind Anverlobte[3], Brüder und Mütter unseres
8 Herrn Jesus Christus (vgl. Mt 12, 50). Anverlobte sind
wir, wenn die gläubige Seele durch den Heiligen Geist
9 unserem Herrn Jesus Christus verbunden wird. Brüder
sind wir ihm, wenn wir „den Willen des Vaters tun, der
10 im Himmel ist" (Mt 12, 50); Mütter sind wir, wenn wir

[1] Der lateinische Titel lautet: „Epistola ad fideles (Recensio prior)" (Abkürzung: EpFid I). Lateinische Ausgabe: *Eßer*, Die Opuscula, 176-182; *Eßer*, Opuscula, 107-112.

[2] Wörtlich steht hier: „ihre Leiber" (corpora eorum).

[3] Das lateinische Wort „sponsus" bedeutet Verlobter, Anverlobter und Bräutigam. — Franziskus möchte also den Brautgedanken in der zutiefst gemeinten Aussage auf Christus hin auch auf Männer bezogen wissen. Dazu ist zu bedenken, daß in solchen Fällen die männliche Form des Begriffes in romanischen Sprachen die Frauen mitmeint.

ihn durch die göttliche Liebe und ein reines und lauteres Gewissen in unserem Herzen und Leibe tragen (vgl. 1 Kor 6, 20); wir gebären ihn durch ein heiliges Wirken, das anderen als Vorbild leuchten soll (vgl. Mt 5, 16).

11 O, wie ist es ehrenvoll, einen heiligen und großen Va-
12 ter im Himmel zu haben! O, wie ist es heilig, einen solch
hilfreichen, schönen und bewundernswerten Bräutigam
13 zu haben! O, wie ist es heilig und lieb, einen solch wohl-
gefälligen, demütigen, Frieden stiftenden, süßen, liebevol-
len und über alles zu ersehnenden Bruder und einen sol-
chen Sohn zu haben: unseren Herrn Jesus Christus, der
sein Leben für seine Schafe hingegeben (vgl. Joh 10, 15)
14 und zum Vater gebetet hat, indem er sprach: „Heiliger
Vater bewahre sie in deinem Namen, die du mir in der
Welt gegeben hast. Dein waren sie, und du hast sie mir
15 gegeben. Und die Worte die du mir gegeben hast, habe ich
ihnen gegeben; und sie haben sie angenommen und haben
in Wahrheit geglaubt, daß ich von dir ausgegangen bin;
16 und sie haben erkannt, daß du mich gesandt hast. Ich
17 bitte für sie und nicht für die Welt. Segne und heilige sie;
18 und für sie weihe ich mich selbst. Nicht für sie allein bitte
ich, sondern auch für diejenigen, die auf jener Wort hin
an mich glauben werden, damit sie zur Einheit geweiht
19 seien, wie wir es sind. Und ich will, Vater, daß wo ich
bin, auch jene mit mir seien, damit sie meine Herrlichkeit
sehen in deinem Reich. Amen“[4].

[Kapitel 2] Von denen, die nicht Buße tun

1 Alle jene Männer und Frauen aber, die nicht in Buße
2 leben / und den Leib und das Blut unseres Herrn Jesus
3 Christus nicht empfangen / und Laster und Sünden be-
gehen und die nach der bösen Begehrlichkeit und den
4 schlechten Strebungen ihres Fleisches wandeln / und nicht
5 beobachten, was sie dem Herrn versprochen haben, / und
die mit ihrem Leib der Welt dienen in fleischlichen Be-
gierden und in dem geschäftigen Treiben der Welt und
6 den Sorgen dieses Lebens: Vom Teufel sind sie getäuscht,

[4] Franziskus führt die Texte aus dem 17. Kapitel des Johannes-Evangeliums nicht nach ihrem genauen Wortlaut an, sondern mit leichten Änderungen und Umstellungen in der Reihenfolge.

dessen Kinder sie sind und dessen Werke sie tun (vgl.
7 Joh 8, 41); blind sind sie, weil sie das wahre Licht, unse-
8 ren Herrn Jesus Christus, nicht sehen. Die geistliche
Weisheit besitzen sie nicht, weil sie den Sohn Gottes nicht
9 haben, der die wahre Weisheit des Vaters ist. Von ihnen
wird gesagt: „Ihre Weisheit ist verschlungen worden" (Ps
106, 27) und: „Verflucht, die von deinen Geboten abwei-
10 chen" (Ps 118, 21). Sie sehen und erkennen, wissen und
tun das Böse und verderben selbst wissentlich die Seelen.
11 Seht doch, ihr Blinden, die ihr von euren Feinden ge-
täuscht seid: vom Fleisch, von der Welt und vom Teufel,
daß es dem Leib süß ist, die Sünde zu begehen, und bitter
12 ist, den Dienst Gottes zu tun! Denn alle Laster und Sün-
den „gehen hervor und kommen aus dem Herzen der
Menschen", wie der Herr im Evangelium sagt (vgl. Mk
13 7, 21). Und nichts habt ihr in dieser Welt und auch nicht
14 in der zukünftigen. Und ihr wähnt, die Eitelkeiten dieser
Weltzeit lange zu besitzen, aber ihr seid betrogen, denn
es kommt der Tag und die Stunde, an die ihr nicht
denkt, die ihr nicht wißt und nicht kennt. Der Leib wird
krank, der Tod naht heran, und so stirbt er eines bitteren
15 Todes. Und wo und wann und in welcher Weise auch
immer ein Mensch in einer schweren Sünde ohne Buße
und Genugtuung stirbt — wenn er Genugtuung leisten
kann und sie nicht leistet —, da reißt der Teufel seine
Seele unter solcher Angst und Qual aus dem Leib, wie es
niemand verstehen kann, wenn er es nicht selbst erlebt.
16 Und alle Talente und die Macht und „das Wissen und die
Weisheit" (2 Chr 1, 12), die sie zu besitzen wähnten,
wird[5] ihnen genommen werden (vgl. Lk 8, 18; Mk 4, 25).
17 Und sie hinterlassen ihr Vermögen den Verwandten und
Freunden, und diese haben es an sich genommen und ver-
teilt und später gesagt: „Verflucht sei seine Seele, denn er
konnte uns mehr geben und erwerben, aber er hat es
18 nicht erworben." Den Leib fressen die Würmer. Und so
haben sie Seele und Leib in dieser kurzen Erdenzeit ver-
loren, und sie werden in die Hölle kommen, wo sie ohne
Ende gepeinigt werden.

---

[5] Auch im lateinischen Text steht hier die Einzahl (auferretur) statt der sprachlich richtigeren Mehrzahl!

19 Alle jene, zu denen dieser Brief gelangt, bitten wir in der Liebe, die Gott ist (vgl. 1 Joh 4, 16), daß sie die oben angeführten wohlduftenden[6] Worte unseres Herrn Jesus
20 Christus mit göttlicher Liebe gutwillig aufnehmen. Und die nicht lesen können, sollen sie sich oft vorlesen lassen.
21 Und sie sollen sie durch[7] heiliges Wirken bis ans Ende bewahren, denn „sie sind Geist und Leben" (Joh 6, 64). Und die das nicht tun, werden „am Tage des Gerichtes Rechenschaft" (vgl. Mt 12, 36) „vor dem Richterstuhl" unseres Herrn Jesus Christus ablegen müssen[8] (vgl. Röm 14, 10).

---

[6] Die Verbindung von „duftend" mit „Worten" kommt aus der alten Auffassung, der wir auch in der Heiligen Schrift begegnen, daß der Wohlgeruch Zeichen des Lebens, ja Gottes ist. — Vgl. *Klara von Assisi*, *4.* Brief an Agnes von Prag, nr. 2, wo Klara von Christus sagt: „durch dessen Duft Tote wiederaufleben werden" (FranzQuSchr II, 125, 28).

[7] Wörtlich heißt es zwar: „mit heiligem Wirken" (*cum* sancta operatione). Damit unzweideutig hervortritt, daß das Wirken dem Gedächtnis helfen und es nicht nur begleiten soll, wurde die Übersetzung „durch" gewählt. Auch im Deutschen ist dieser Sinn von „mit" nicht ungeläufig, z. B.: Der Herr erhalte dich mit seinem Segen.

[8] Vgl. NBReg 4, 6.

Brief an die Gläubigen II[1] (BrGl II)

Diese erweiterte Fassung des Briefes hat offenbar Erfahrungen eingearbeitet, die sich seit der ersten Fassung (BrGl I) ergaben. Es kam Franziskus darauf an, die Brüder und Schwestern von der Buße, denen er sich verpflichtet fühlte, durch starkes Betonen der wahren Glaubenspositionen gegen ketzerische Irrtümer und Fehlhaltungen zu schützen. — Wir haben in dieser Ausgabe den Text durch Zwischenüberschriften gegliedert, die sich weitgehend nach den früher üblichen Zwischenüberschriften richten.

1 Im Namen des Vaters und des Sohnes und des Heiligen
Geistes. Amen.

Allen religiös lebendigen Christen, Klerikern und
Laien, Männern und Frauen, allen, die in der ganzen Welt
wohnen, entbietet Bruder Franziskus, ihr Knecht und Untertan,
ehrfurchtsvolle Ergebenheit, den wahren Frieden
vom Himmel und aufrichtige Liebe im Herrn.

2 Da ich der Knecht aller bin, so bin ich verpflichtet, al-
len zu dienen und ihnen die wohlduftenden[2] Worte mei-
3 nes Herrn zu vermitteln. Deshalb habe ich in meinem
Geiste bedacht: weil ich wegen der Krankheit und Schwäche
meines Leibes nicht jeden einzelnen persönlich aufsuchen
kann, so habe ich mir vorgenommen, euch durch
diesen Brief und durch Boten die Worte unseres Herrn
Jesus Christus, der das Wort des Vaters ist, mitzuteilen,
sowie auch die Worte des Heiligen Geistes, die „Geist und
Leben sind“ (Joh 6, 64).

[1. Vom Wort des Vaters]

4 Dieses Wort des Vaters, so würdig, so heilig und glor-
reich, hat der allerhöchste Vater vom Himmel durch sei-
nen heiligen Engel Gabriel in den Schoß der heiligen und
glorreichen Jungfrau Maria gesandt. Aus ihrem Schoß hat
er das wirkliche Fleisch unserer Menschlichkeit und Ge-
5 brechlichkeit angenommen. Und er wollte, „obwohl er
reich war“ (2 Kor 8, 9) über alle Maßen, selber in der

---

[1] Der lateinische Titel lautet: „Epistola ad fideles (Recensio posterior)“ (Abkürzung: EpFid II). Lateinische Ausgabe: *Eßer*, Die Opuscula, 183-215; *Eßer*, Opuscula, 113-128.

[2] Vgl. BrGl I, Anm. 6.

Welt mit der seligsten Jungfrau Maria, seiner Mutter, die
6 Armut erwählen. Und dem Leiden nahe, feierte er das
Ostermahl mit seinen Jüngern, und er nahm das Brot,
sagte Dank und segnete und brach es, indem er sprach:
7 „Nehmet und esset, das ist mein Leib. Und er nahm den
Kelch und sprach: Dies ist mein Blut des Neuen Bundes,
das für euch und für viele vergossen wird zur Vergebung
8 der Sünden" (Mt 26, 26-27). Danach betete er zum Vater
und sprach: „Vater, wenn es geschehen kann, so gehe
9 dieser Kelch an mir vorüber. Und sein Schweiß wurde
10 wie Tropfen Blutes, das zur Erde rinnt" (Lk 22, 44. Er
legte aber seinen Willen in den Willen des Vaters und
sprach: „Vater, es geschehe dein Wille; nicht wie ich will,
11 sondern wie du" (Mt 26, 42. 39). Dieses Vaters Wille war
der, daß sein gebenedeiter und glorreicher Sohn, den er
uns geschenkt hat und der für uns geboren wurde, sich
selbst durch sein eigenes Blut als Opfer und Gabe auf dem
12 Altare des Kreuzes darbringen sollte; nicht wegen sich,
„durch den alles geschaffen ist" (Joh 1, 3), sondern für un-
13 sere Sünden / indem er uns ein Beispiel hinterließ, damit
14 wir seinen Fußspuren folgen (vgl. 1 Petr 2, 21). Und er
will, daß wir alle durch ihn gerettet werden und ihn mit
unserem reinen Herzen und keuschen Leibe empfangen.
15 Aber es sind nur wenige, die ihn empfangen und durch
ihn gerettet sein wollen, obgleich doch „sein Joch süß ist
und seine Bürde leicht" (Mt 11, 30).

[2. Von denen, die Gottes Gebote nicht halten wollen]

16 Die nicht kosten wollen, „wie süß der Herr ist" (Ps
33, 9), und „die Finsternis mehr lieben als das Licht"
(Joh 3, 19), weil sie Gottes Gebote nicht erfüllen wollen,
17 die sind verflucht. Von ihnen wird durch den Propheten
gesagt: „Verflucht, die von deinen Geboten abweichen"
18 (Ps 118, 21). Aber wie selig und gebenedeit sind jene, die
Gott lieben und so handeln, wie der Herr selbst im Evan-
gelium sagt: „Du sollst den Herrn deinen Gott lieben aus
deinem ganzen Herzen und aus deinem ganzen Sinnen
und deinen Nächsten wie dich selbst" (Mt 22, 37. 39).

[3. Von der Liebe zu Gott und von seiner Verehrung]

19 Laßt uns also Gott lieben und ihn anbeten mit reinem

Herzen und reinem Sinn, weil er selbst dies über alles ge-
sucht hat, indem er sagte: „Die waren Anbeter werden
den Vater im Geist und in der Wahrheit anbeten" (Joh
20 4, 23). Denn alle, „die ihn anbeten, müssen ihn im Geiste
21 der Wahrheit anbeten" (vgl. Joh 4, 24). Und wir wollen
ihm bei Tag und Nacht Lobpreisungen und Gebete dar-
bringen, indem wir sprechen: „Vater unser, der du bist
in den Himmeln" (Mt 6, 9); denn wir „müssen allezeit
beten und dürfen nicht nachlassen" (Lk 18, 1).

[4. Daß wir die Sünden den Priestern beichten sollen]

22 Wir müssen ja alle unsere Sünden dem Priester beich-
ten; und von ihm laßt uns den Leib und das Blut unseres
23 Herrn Jesus Christus empfangen. Wer sein Fleisch nicht
ißt und sein Blut nicht trinkt (vgl. Joh 6, 55. 57), „kann
24 nicht in das Reich Gottes eingehen" (Joh 3, 5). Doch soll
man würdig essen und trinken, denn wer unwürdig emp-
fängt, „der ißt und trinkt sich das Gericht, weil er den
Leib des Herrn nicht unterscheidet" (1 Kor 11, 29), das
heißt: unterschiedslos behandelt.
25 Laßt uns überdies „würdige Früchte der Buße bringen"
26 (Lk 3, 8). Und laßt uns unsere Nächsten lieben wie uns
27 selbst (vgl. Mt 22, 39). Und wenn einer sie nicht genauso
lieben will wie sich selbst, so möge er ihnen wenigstens
nichts Böses antun, sondern Gutes erweisen.

[5. Wie diejenigen, welche die Macht erhalten haben, andere richten sollen]

28 Die aber die Macht erhalten haben, andere zu richten,
sollen das Richteramt mit Erbarmen ausüben, wie sie
29 selbst vom Herrn Erbarmen zu erhalten wünschen. Denn
ein Gericht ohne Erbarmen wird über jene ergehen, die
kein Erbarmen geübt haben (vgl. Jak 2, 13).
30 Laßt uns daher Liebe und Demut haben; und laßt uns
Almosen spenden, denn gerade das Almosen wäscht
die Seelen von den Makeln der Sünde rein (vgl. Tob
31 4, 11). Die Menschen verlieren ja doch alles, was sie in
dieser Welt zurücklassen; mit sich nehmen sie jedoch den
Lohn der Wohltätigkeit und die Almosen, die sie gegeben
haben, und für welche sie vom Herrn Lohn und würdiges
Entgelt erhalten werden.

[6. Über das Fasten sowohl von Lastern als auch von Speisen]

32 Wir müssen auch fasten und uns enthalten von Lastern
und Sünden (vgl. Sir 3, 32) sowie vom Überfluß an Spei-
33 sen und Trank, und wir müssen katholisch sein[3]. Wir müs-
sen auch häufig die Kirchen aufsuchen und den Kleri-
kern[4] Hochachtung und Ehrfurcht erweisen, nicht allein
um ihrer selbst willen — wenn sie Sünder wären — son-
dern wegen des Amtes und der Verwaltung des heiligsten
Leibes und Blutes Christi, den sie auf dem Altare opfern
34 und den sie empfangen und austeilen. Und wir alle sollen
fest wissen, daß niemand gerettet werden kann als nur
durch die heiligen Worte und das Blut unseres Herrn Je-
sus Christus, welche die Kleriker sprechen, verkünden
35 und darreichen. Und nur sie allein dürfen diesen Dienst
36 ausüben und niemand sonst. Besonders aber sind die Or-
densleute, die der Welt entsagt haben, verpflichtet, noch
mehr und Größeres zu tun, aber jenes nicht zu unter-
lassen (vgl. Lk 11, 42).

[7. Von der Feindesliebe und vom rechten Gehorsam]

37 Wir müssen unser Ich[5] mit den Lastern und Sünden
hassen, weil der Herr im Evangelium sagt: Alles Böse, alle
Laster und Sünden, „kommen aus dem Herzen" (Mt 15,
38 18-19; Mk 7, 23). Wir müssen unsere Feinde lieben und
denen, die uns hassen, Gutes tun (vgl. Mt 5, 44; Lk 6, 27).
39 Wir müssen die Gebote und Räte unseres Herrn Jesus
40 Christus beobachten. Wir müssen auch uns selbst ver-
leugnen (vgl. Mt 16, 24) und unsere Leiber unter das
Joch der Knechtschaft und des heiligen Gehorsams beu-
41 gen, wie es ein jeder dem Herrn versprochen hat. Und
kein Mensch soll kraft des Gehorsams verpflichtet sein,
jemand in einer Sache zu gehorchen, wo eine Schuld oder
Sünde begangen wird.

---

[3] Dieser Satz und auch die folgenden haben einen ausgesprochenen antikatharischen Akzent. Bezüglich des Fastens und der Enthaltsamkeit geht es Franziskus darum, daß die Werke der Selbstverleugnung und Abtötung im Rahmen der kirchlichen Ordnung bleiben.

[4] Mit „Kleriker" sind hier vor allem die Seelsorgsgeistlichen gemeint.

[5] Wörtlich steht hier: „unsere Leiber" (corpora nostra).

[8. Daß der, welcher als der Größere gilt, den anderen dienen soll]

42 Wem aber der Gehorsam anvertraut ist und wer als
der Größere gilt, der soll wie der Geringere (Lk 22, 26)
43 und der Knecht der anderen Brüder sein. Und er soll je-
dem einzelnen seiner Brüder das Erbarmen erzeigen und
entgegenbringen, das er sich selbst erwiesen haben möchte,
wenn er in ganz ähnlicher Lage wäre (vgl. Mt 7, 12).
44 Auch soll er nicht wegen des Vergehens eines Bruders ge-
gen den Bruder zornig werden, sondern er soll ihn mit
aller Geduld und Demut gütig ermahnen und unterstüt-
zen.

[9. Daß wir nicht nach der Art des Fleisches weise sein sollen]

45 Wir dürfen nicht nach der Art des Fleisches weise und
klug sein, sondern müssen vielmehr einfältig, demütig
46 und rein sein. Und unsere Leiber sollen wir in Schmach
und Verachtung halten, weil wir alle durch unsere Schuld
elend und voll Fäulnis, abscheulich und Würmer sind, wie
der Herr durch den Propheten sagt: „Ich bin ein Wurm
und kein Mensch, ein Spott für die Menschen und die
47 Verachtung des Volkes“ (Ps 21, 7). Niemals dürfen wir
uns danach sehnen, über anderen zu stehen, sondern
müssen vielmehr „um Gottes willen“ die Knechte und
Untergebenen „jeder menschlichen Kreatur“ (1 Petr
48 2, 13)[6] sein. Und alle jene Männer und Frauen: wenn
sie dieses tun und darin bis zum Ende verharren, so „wird
der Geist des Herrn auf ihnen ruhen“ (Jes 11, 2), und er
wird sich in ihnen eine Wohnung und Bleibe schaffen
49 (Joh 14, 23). Und sie werden Kinder des himmlischen
50 Vaters sein (vgl. Mt 5, 45), dessen Werke sie tun. Und sie

---

[6] „Jeder menschlichen Kreatur“ kann bedeuten: jedem Menschen. Es kann aber auch heißen: jeder menschlichen Schöpfung, im Sinne von „jeder Obrigkeit“, jeder menschlichen Gewalt. Viermal verwendet Franziskus dieses Schriftwort (vgl. *Eßer*, Opuscula, 363). Nach dem griechischen Text lautet 1 Petr 2, 13: „Unterwerft euch um des Herrn willen aller menschlichen Ordnung!“ Es ist aber wahrscheinlich, daß Franziskus diese Schriftstelle ganz wörtlich verstanden hat: „jeder menschlichen Kreatur“ (vgl. GrTug 16-18).

sind Anverlobte[7], Brüder und Mütter unseres Herrn Je-
51 sus Christus (vgl. Mt 12, 50). Anverlobte sind wir, wenn
die gläubige Seele durch den Heiligen Geist mit Jesus
52 Christus verbunden wird. Brüder sind wir ja, wenn wir
den Willen seines Vaters tun, der im Himmel ist (vgl.
53 Mt 12, 50). Mütter sind wir, wenn wir ihn durch die
Liebe und ein reines und lauteres Gewissen in unserem
Herzen und Leibe tragen (vgl. 1 Kor 6, 20); wir gebären
ihn durch ein heiliges Wirken, das anderen als Vorbild
leuchten soll (vgl. Mt 5, 16).

54 O, einen so glorreichen und heiligen und großen Vater
55 im Himmel zu haben! O, einen so heiligen, hilfreichen,
schönen und bewundernswerten Bräutigam zu haben!
56 O, einen so heiligen und so lieben, wohlgefälligen, demü-
tigen, Frieden stiftenden, liebenswürdigen und liebevol-
len und über alles zu ersehnenden Bruder und Sohn zu
haben, der sein Leben für seine Schafe hingegeben (vgl.
Joh 10, 15) und für uns zum Vater gebetet hat, indem
er sprach: „Heiliger Vater, bewahre sie in deinem Namen,
57 die du mir gegeben hast. Vater, alle, die du mir in der
Welt gegeben hast, waren dein, und du hast sie mir gege-
58 ben. Und die Worte, die du mir gegeben hast, habe ich ih-
nen gegeben. Und sie haben sie angenommen und in Wahr-
heit erkannt, daß ich von dir ausgegangen bin; und sie
haben geglaubt, daß du mich gesandt hast. Ich bitte für
59 sie, und nicht für die Welt. Segne und heilige sie. Und für
sie weihe ich mich selbst, damit sie zur Einheit geweiht
60 sind, wie auch wir es sind. Und ich will, Vater, daß dort,
wo ich bin, auch jene mit mir seien, damit sie meine Herr-
lichkeit sehen in deinem Reich“[8].

[10. Daß Gott Lobpreis dargebracht werden soll]

61 Ihm aber, der so Schweres für uns erduldet und uns so
viel Gutes erwiesen hat und in Zukunft erweisen wird —
jegliche Kreatur, die im Himmel, auf der Erde, im Meer
und in den Tiefen ist, soll Gott Lob, Herrlichkeit, Ehre
62 und Benedeiung erweisen (Offb 5, 13), weil er unsere

[7] Vgl. BrGl I, Anm. 3.

[8] Auch hier führt Franziskus die Stellen aus Joh 17 nicht nach ihrem genauen Wortlaut an sondern mit leichten Abänderungen des Textes.

Kraft und Stärke ist, er, der allein gut ist, allein der Höchste, allein allmächtig, bewundernswert, herrlich und allein heilig, lobwürdig und gepriesen durch die unendlichen Ewigkeiten der Ewigkeiten. Amen.

[11. Von der Buße und vom Leibe Christi]

63 Alle jene aber, die nicht in Buße leben und den Leib
und das Blut unseres Herrn Jesus Christus nicht emp-
64 fangen / und Laster und Sünden begehen und nach der
bösen Begehrlichkeit und nach bösen Süchten wandeln
65 und nicht beobachten, was sie versprochen haben, / und
die mit ihrem Leib der Welt dienen in fleischlichen Be-
gierden, in den Sorgen und dem geschäftigen Treiben die-
66 ser Welt und den Sorgen dieses Lebens: vom Teufel ge-
täuscht, dessen Kinder sie sind und dessen Werke sie tun
(vgl. Joh 8, 41), sind sie blind, weil sie das wahre Licht,
67 unseren Herrn Jesus Christus nicht sehen. Die geistliche
Weisheit besitzen sie nicht, weil sie den Sohn Gottes
nicht in sich haben, der die wahre Weisheit des Vaters ist.
Von ihnen wird gesagt: „Ihre Weisheit ist verschlungen
68 worden" (Ps 106, 27). Sie sehen und erkennen, wissen
und tun das Böse und verderben wissentlich die Seelen.
69 Seht doch ihr Blinden, die von unseren Feinden getäuscht
sind, nämlich vom Fleisch, von der Welt und vom Teufel,
daß es dem Leib süß ist, die Sünde zu begehen, und bitter,
Gott zu dienen. Denn alles Böse, alle Laster und Sünden
„gehen hervor und kommen aus dem Herzen der Men-
schen", wie der Herr im Evangelium sagt (vgl. Mk 7, 21).
70 Und nichts habt ihr in dieser Welt und auch nicht in der
71 zukünftigen. Ihr wähnt, die Eitelkeiten dieser Weltzeit
lange zu besitzen, aber ihr seid betrogen, denn es kommt
der Tag und die Stunde, an die ihr nicht denkt, die ihr
nicht wißt und nicht kennt.

[12. Von dem Kranken, der schlecht Buße tut]

72 Der Leib wird krank[9], der Tod naht heran, es kommen
die Verwandten und Freunde und sagen: „Ordne deine
73 Dinge!" Seht, seine Frau und seine Kinder und die Ver-

[9] In diesem Abschnitt geht es um ein wichtiges Anliegen der religiösen Armutsbewegung: die Rückgabe unrechten Gutes; dies erläutert Franziskus in lebendiger Anschaulichkeit.

74 wandten und Freunde tun so, als weinten sie. Und er
schaut auf und sieht sie weinen; da wird er von einer
bösen Regung erfaßt. Er überlegt in seinem Inneren und
spricht: „Seht, die Seele und meinen Leib und all das
75 Meine lege ich in eure Hände.“ Wahrhaftig, dieser Mensch
ist verflucht, der seine Seele und den Leib und all das
76 Seine solchen Händen anvertraut und überantwortet. Da-
her sagt der Herr durch den Propheten: „Verflucht der
77 Mensch, der auf einen Menschen vertraut“ (Jer 17, 5). Und
sofort lassen sie einen Priester kommen. Der Priester sagt
zu ihm: „Willst du die Buße annehmen für alle deine
78 Sünden?“ / Er erwidert: „Ich will.“ „Willst du Genug-
tuung leisten für deine Vergehen und für das, womit du
Menschen betrogen und hintergangen hast, so wie du es
79 mit deinem Vermögen kannst?“ / Er antwortet: „Nein.“
80 Und der Priester sagt: „Warum nicht?“ / „Weil ich alles
in die Hände der Verwandten und Freunde übergeben
81 habe.“ Und er beginnt, die Sprache zu verlieren, und so
stirbt jener Elende.

82 Es sollen aber alle wissen: Wo und wie auch immer ein
Mensch in einer schweren Sünde ohne Genugtuung stirbt
— wenn er Genugtuung leisten kann und sie nicht lei-
stet —, da reißt der Teufel seine Seele unter solcher
Angst und Drangsal aus dem Leib, wie es niemand ver-
83 stehen kann, wenn er es nicht selbst erlebt. Und alle Ta-
lente und die Macht und das Wissen, das er zu besitzen
wähnte, wird ihm genommen werden (vgl. Lk 8, 18; Mk
84 4, 25). Und er hinterläßt sein Vermögen den Verwandten
und Freunden, und diese werden es nehmen und verteilen
und später sagen: „Verflucht sei seine Seele, denn er
konnte uns mehr geben und erwerben, aber er hat es
85 nicht erworben.“ / Den Leib fressen die Würmer. Und so
verliert er Seele und Leib in dieser kurzen Erdenzeit, und
er wird in die Hölle kommen, wo er ohne Ende gepeinigt
wird.

86 Im Namen des Vaters und des Sohnes und des Heiligen
Geistes. Amen.

87 Ich, Bruder Franziskus, euer minderer Knecht, bitte
und beschöre euch in der Liebe, die Gott ist (vgl. 1 Joh
4, 16), und im Verlangen, eure Füße zu küssen, daß ihr
diese und die anderen Worte unseres Herrn Jesus Chri-

stus mit Demut und Liebe aufnehmen, sie tun und beob-
88 achten sollt. Und alle jene Männer und Frauen, die sie gutwillig aufnehmen und verstehen und anderen in einer Abschrift zusenden, und wenn sie in ihnen ausharren bis ans Ende (Mt 24, 13), so möge sie segnen der Vater und der Sohn und der Heilige Geist. Amen.

Brief an die Kleriker[1] (BrKl I/BrKl II)

Dieser Brief ist in zwei Fassungen überliefert, die hier unmittelbar nebeneinandergestellt werden, damit sie besser verglichen werden können. Die erste Fassung ist wahrscheinlich nach dem IV. Laterankonzil (1215) und vor Erscheinen des Schreibens „Sane cum olim" von Papst Honorius III. (1219/20)[2] entstanden. Gedanken dieses Schreibens über die Ehrfurcht vor der Eucharistie hat Franziskus in der zweiten Fassung eingearbeitet. Das Schreiben wendet sich an die Kleriker der ganzen Kirche. Die Verse 8, 10 und 13 zeigen, daß Franziskus sich als Diakon diesen Klerikern besonders verbunden wußte.

1. Fassung

1 Laßt uns beachten, wir Kleriker alle, die große Sünde und Unwissenheit, die manche an den Tag legen gegenüber dem heiligsten Leib und Blut unseres Herrn Jesus Christus und seinen hochheiligen niedergeschriebenen Namen und Worten, die den Leib [Christi] heilig
2 gegenwärtig setzen. Wir wissen, daß der Leib nicht sein kann, wenn er nicht zuvor vom Worte heilig gegenwärtig ge-
3 setzt wird. Nichts haben und sehen wir nämlich leiblich in dieser Weltzeit von ihm, dem Allerhöchsten selbst, als den Leib und das Blut, die Namen und Worte, durch

2. Fassung

1 Laßt uns beachten, wir Kleriker alle, die große Sünde und Unwissenheit, die manche an den Tag legen gegenüber dem heiligsten Leib und Blut unseres Herrn Jesus Christus und seinen hochheiligen niedergeschriebenen Namen und Worten, die den Leib [Christi] heilig
2 gegenwärtig setzen. Wir wissen, daß der Leib nicht sein kann, wenn er nicht zuvor vom Worte heilig gegenwärtig ge-
3 setzt wird. Nichts haben und sehen wir nämlich leiblich in dieser Weltzeit von ihm, dem Allerhöchsten selbst, als den Leib und das Blut, die Namen und Worte,

---

[1] Der lateinische Titel lautet: „Epistola ad Clericos" (Abkürzung: EpCler). Lateinische Ausgabe: *Eßer,* Die Opuscula, 155-166; *Eßer,* Opuscula, 96-101.

[2] Der Text dieses Schreibens bei: *K. Eßer,* Studien, 309-310.

die wir geschaffen und
„vom Tode zum Leben“
(1 Joh 3, 14) erlöst sind.
4 Alle jene aber, die solche
hochheiligen Geheimnis-
se verwalten, und beson-
ders die, welche sie in un-
erlaubter Weise verwal-
ten, mögen in ihrem In-
nern bedenken, wie min-
derwertig die Kelche,
Korporalien und Leintü-
cher sind, auf denen sein
Leib und Blut geopfert
werden.

5 Und von vielen wird er
an gewöhnlichen Orten
hingelegt und liegenge-
lassen, in kläglicher Wei-
se getragen und unwür-
dig empfangen und un-
terschiedslos anderen aus-
6 geteilt. Auch seine ge-
schriebenen Namen und
Worte werden zuweilen
mit den Füßen zertreten;
7 denn „der irdisch gesinn-
te Mensch erfaßt nicht
das, was Gottes ist“ (1
8 Kor 2, 14). Werden wir
nicht von all dem in lie-
bender Hingabe bewegt,
da er, der gütige Herr,
sich selbst in unseren
Händen darbietet und
wir ihn berühren und
täglich durch unseren
9 Mund empfangen? Oder
wissen wir nicht, daß wir
in seine Hände gelangen

durch die wir geschaffen
und „vom Tode zum Le-
ben“ (1 Joh 3, 14) erlöst
4 sind. Alle jene aber, die
solche hochheiligen Dien-
ste verwalten, und be-
sonders die, welche sie
unterschiedslos verwal-
ten, mögen in ihrem In-
nern bedenken, wie min-
derwertig die Kelche,
Korporalien und Leintü-
cher sind, auf denen der
Leib und das Blut unse-
res Herrn geopfert wer-
den.

5 Und von vielen wird er
an gewöhnlichen Orten
liegengelassen,
in kläglicher
Weise getragen und un-
würdig empfangen und
unterschiedslos anderen
6 ausgeteilt. Auch seine ge-
schriebenen Namen und
Worte werden zuweilen
mit den Füßen zertreten;
7 denn „der irdisch gesinn-
te Mensch erfaßt nicht
das, was Gottes ist“ (1
8 Kor 2, 14). Werden wir
nicht von all dem in lie-
bender Hingabe bewegt,
da er, der gütige Herr,
sich selbst in unseren
Händen darbietet und
wir ihn berühren und
täglich durch unseren
9 Mund empfangen? Oder
wissen wir nicht, daß wir
in seine Hände gelangen

10 müssen? Daher wollen wir uns in all diesen und in den anderen Dingen schnell und gründlich

11 bessern. Und wo immer der heiligste Leib unseres Herrn Jesus Christus in nicht statthafter Weise aufbewahrt und liegengelassen ist, soll er von jener Stelle fortgenommen und an einen kostbar ausgestatteten Platz hingelegt und verschlossen

12 werden. Ebenso sollen auch die geschriebenen Namen und Worte des Herrn, wo immer sie an unsauberen Stellen gefunden werden, aufgesammelt und an ehrenvoller Stelle hingelegt werden.

13 Alle Kleriker sind verpflichtet, dies alles bis zum Ende vor allem anderen zu beobachten.

14 Und die dies nicht tun, sollen wissen, daß sie „am Tage des Gerichtes" vor unserem Herrn Jesus Christus „Rechenschaft"

10 müssen? Daher wollen wir uns in all diesen und in den anderen Dingen schnell und gründlich

11 bessern. Und wo immer der heiligste Leib unseres Herrn Jesus Christus in nicht statthafter Weise aufbewahrt und liegengelassen ist, soll er von jener Stelle fortgenommen und an einen kostbar ausgestatteten Platz hingelegt und verschlossen

12 sen werden. Ebenso sollen auch die geschriebenen Namen und Worte des Herrn, wo immer sie an unsauberen Stellen gefunden werden, aufgesammelt und an ehrenvoller Stelle hingelegt werden.

13 Und wir wissen, daß wir dies alles vor allem anderen beobachten müssen nach den Geboten des Herrn und den Bestimmungen der heiligen Mutter Kirche[3].

14 Und wer dies nicht tut, soll wissen, daß er „am Tage des Gerichtes" vor unserem Herrn Jesus Christus „Rechenschaft"

---

[3] Das Schreiben „Sane cum olim" des Papstes *Honorius III.* enthält sowohl Hinweise auf den Willen Gottes, wie er in der Heiligen Schrift ausgesprochen ist, wie auch genaue Anordnungen des Papstes. Aus diesem Grund fügte Franziskus in die neue Fassung des Briefes diese Hinweise ein (vgl. *Eßer*, Die Opuscula, 162-163).

ablegen müssen (vgl. Mt 12, 36). Und die dieses Schreiben abschreiben lassen, damit es besser beobachtet werde, sollen wissen, daß sie von Gott, dem Herrn, gesegnet sind.

ablegen muß (vgl. Mt 12, 36). Und die dieses Schreiben abschreiben lassen, damit es besser beobachtet werde, sollen wissen, daß sie von Gott, dem Herrn, gesegnet sind.

Brief an die Kustoden I[1] (BrKust I)

Der Brief ist um 1220 geschrieben, nach der Rückkehr des Heiligen aus dem Orient. Darauf weist nicht nur die enge Anlehnung an das Schreiben Honorius' III. „Sane cum olim“[2] hin, sondern auch die Aufforderung in Vers 8, das Volk zu belehren, beim Läuten der Glocken Gott anzubeten. In dieser Aufforderung wirkt sicher die Erfahrung nach, die Franziskus im islamischen Orient bei der salat der Muezzins gemacht hatte[3]. Mit der Bezeichnung „Kustoden“ meint Franziskus hier alle Oberen im Orden, wie das am Anfang des Ordens gebräuchlich war.

1 Allen Kustoden der Minderen Brüder, zu denen dieser Brief gelangt, wünscht Bruder Franziskus, euer Knecht in Gott dem Herrn und der ganz Kleine, Heil mit den neuen Zeichen des Himmels und der Erde[4], die groß und hocherhaben sind bei Gott und von vielen Ordensleuten und von anderen Menschen für ganz niedrig gehalten werden.

2 Ich bitte euch noch inständiger, als wenn ich für mich selber bäte, ihr möchtet doch, falls es angebracht ist und ihr es für förderlich haltet, die Kleriker in Demut anflehen, daß sie den heiligsten Leib und das Blut unseres Herrn Jesus Christus sowie seine heiligen niedergeschriebenen Namen und Worte, die den Leib heilig gegen-
3 wärtig setzen, über alles verehren sollen. Die Kelche, die Korporalien, den Altarschmuck und alles, was zum Opfer
4 gehört, sollen sie in kostbarer Ausführung haben[5]. Und wenn an irgendeinem Ort der heiligste Leib des Herrn ganz armselig hingelegt ist, so soll er von ihnen nach der Weisung der Kirche an kostbar ausgestatteter Stelle nie-

[1] Der lateinische Titel lautet: „Epistola ad Custodes I“ (Abkürzung: EpCust I). Lateinische Ausgabe: *Eßer*, Die Opuscula, 167-171; *Eßer*, Opuscula, 102-104.

[2] Vgl. BrKl, Anm. 1.

[3] Vgl. *Eßer*, Studien, 318-320.

[4] Mit den „neuen Zeichen des Himmels und der Erde“ meint Franziskus die Eucharistie (und die Heilige Schrift).

[5] Alle Kostbarkeiten, auch die der stofflichen Welt, sollen in den Dienst des Herrn im Sakrament gestellt werden. Nicht nur der Aufbewahrungsort, alles, was zur Feier der Eucharistie in Beziehung steht, soll kostbar sein.

dergelegt und verschlossen und mit großer Verehrung
getragen und in rechter Unterscheidung anderen darge-
5 reicht werden. Auch die geschriebenen Namen und Worte
des Herrn sollen aufgesammelt werden, wo immer sie an
unsauberen Stellen gefunden werden, und an ehrenvoller
6 Stelle hingelegt werden. Und in jeder Predigt, die ihr
haltet, sollt ihr das Volk zur Buße mahnen und, daß nie-
mand gerettet werden kann, wenn er nicht den heiligsten
Leib und das Blut des Herrn empfängt (vgl. Joh 6, 54).
7 Und wenn er vom Priester auf dem Altare geopfert und
irgendwohin getragen wird, dann sollen alle Leute die
Knie beugen und dem Herrn, dem lebendigen und wah-
8 ren Gott, Lob, Herrlichkeit und Ehre erweisen. Und sein
Lob sollt ihr allen Leuten so verkünden und predigen,
daß zu jeder Stunde und, wenn die Glocken läuten, dem
allmächtigen Gott vom gesamten Volk auf der ganzen
Erde immer Lobpreis und Dank dargebracht wird.

9 Und alle meine Brüder Kustoden, zu denen dieses
Schreiben gelangt und die es abschreiben und bei sich be-
wahren und für jene Brüder abschreiben lassen, die das
Amt der Predigt und die Obsorge für die Brüder haben,
und die alles, was in diesem Schreiben enthalten ist, bis
zum Ende predigen, sollen wissen, daß sie den Segen Got-
10 tes, des Herrn, und auch meinen Segen haben. Und dies
soll ihnen durch den wahren und heiligen Gehorsam zu-
teil werden. Amen.

Brief an die Kustoden II[1] (BrKust II)

Der Brief ist an alle Oberen im Orden gerichtet und ist ein typisches Begleitschreiben, in dem Franziskus die Oberen bittet, sie möchten den an sie gerichteten Brief (BrKust I 5) im Gedächtnis bewahren, den Brief an die Kleriker (BrKl II 4) und den Brief an die Lenker der Völker (BrLenk 6) an die Adressaten weiterleiten, damit die darin enthaltenen Anliegen realisiert würden.

1 Allen Kustoden der Minderen Brüder, zu denen dieser
Brief gelangt, wünscht Bruder Franziskus, der geringste
der Diener Gottes, das Heil und heiligen Frieden im
Herrn.
2 Wisset, daß vor dem Angesicht Gottes manche Dinge
überaus hoch und erhaben sind, die bisweilen unter den
Menschen für niedrig und wertlos angesehen werden[2].
3 Und andere Dinge sind unter den Menschen wertvoll und
ansehnlich, die vor Gott als ganz niedrig und als wertlos
4 gelten. Ich bitte euch vor unserem Herrn und Gott, soviel
ich vermag, ihr möchtet jene Briefe, die vom heiligsten
Leib und Blut unseres Herrn handeln, den Bischöfen und
5 den anderen Klerikern[3] geben. Und ihr möget im Ge-
dächtnis behalten, was wir euch darüber anvertraut ha-
6 ben. Von den anderen Briefen, die ich euch schicke, da-
mit ihr sie den Bürgermeistern, Konsuln und Statthaltern
gebt, und in denen steht, das Lob Gottes solle unter den
Leuten und auf den Plätzen öffentlich verkündet wer-
7 den[4], fertigt alsbald viele Exemplare an / und überreicht
sie mit großer Umsicht jenen, denen sie übergeben werden
sollen.

---

[1] Der lateinische Titel lautet: „Epistola ad Custodes II" (Abkürzung: EpCust II). Lateinische Ausgabe: *Eßer,* Die Opuscula, 172-175; *Eßer,* Opuscula, 105-106.

[2] Vgl. BrKust I 1.

[3] Damit sind vor allem die Seelsorgsgeistlichen gemeint.

[4] Wie schon in BrKust I 8 kommt es auch hier Franziskus sehr darauf an, „ein der islamischen salat entsprechendes christliches Pendant zu schaffen. Das spätere Angelusläuten sollte seinen Wunsch in etwa erfüllen" (*Eßer,* Die Opuscula, 175).

Brief an die Lenker der Völker[1] (BrLenk)

Zu den Adressaten dieses Briefes: Franziskus will mit seinen eindringlichen religiösen Mahnungen alle Obrigkeiten erreichen. Auch hier bemüht er sich, wie in Vers 7 ersichtlich wird, islamisches Brauchtum, das ihn im Orient so sehr beeindruckt hatte und das ihm gut und sinnvoll erschien, ins christliche Abendland zu übertragen.

1 Allen Bürgermeistern und Konsuln, Richtern und
Statthaltern auf der ganzen Welt sowie allen anderen, zu
denen dieser Brief gelangt, euch allen wünscht Bruder
Franziskus, euer ganz kleiner und verächtlicher Knecht
in Gott, dem Herrn, Heil und Frieden.
2 Bedenkt und seht, daß der Tag des Todes naht (Gen
3 47, 29). Daher bitte ich euch in Ehrfurcht, so gut ich
kann, ihr möchtet doch nicht wegen der Sorgen und dem
geschäftigen Treiben dieser Welt, die ihr habt, den Herrn
der Vergessenheit anheimfallen lassen und von seinen
Geboten abweichen; denn alle jene, die ihn der Vergessenheit
anheimfallen lassen und von seinen Geboten abweichen,
sind verflucht (vgl. Ps 118, 21) und werden von
ihm der Vergessenheit überantwortet werden (Ez 33, 13).
4 Und wenn der Tag des Todes kommt, wird ihnen alles,
was sie zu haben glaubten, weggenommen werden (vgl.
5 Lk 8, 18). Und je weiser und mächtiger sie in dieser Welt
gewesen sind, desto größere Qualen werden sie in der
6 Hölle erdulden (vgl. Weish 6, 7). Daher rate ich euch,
meine Herren, eindringlich, alles Sorgen und geschäftige
Treiben zurückzustellen und den heiligsten Leib und das
heiligste Blut unseres Herrn Jesus Christus bei seinem
7 heiligen Gedächtnis liebevoll zu empfangen. Und bereitet
doch dem Herrn unter dem euch anvertrauten Volk so
große Ehre, daß an jedem Abend durch einen Herold oder
durch irgendein Zeichen angesagt werde, das ganze Volk
bringe Gott, dem allmächtigen Herrn, Lobpreis und
8 Dank dar[2]. Und wenn ihr das nicht tut, so wißt, daß ihr

---

[1] Der lateinische Titel lautet: „Epistola ad populorum rectores" (Abkürzung: EpRect). Lateinische Ausgabe: *Eßer,* Die Opuscula, 270-276; *Eßer,* Opuscula, 15-153.

[2] Vgl. BrKust I 8 und BrKust II 6.

vor eurem Herrn und Gott, Jesus Christus, am Tage des Gerichtes Rechenschaft ablegen müßt (vgl. Mt 12, 36).
9 Die dieses Schreiben bei sich bewahren und es befolgen, sollen wissen, daß sie von Gott, dem Herrn, gesegnet sind.

Brief an Bruder Leo[1] (BrLeo)

Neben dem in Assisi aufbewahrten „Schriftstück für Bruder Leo" (LobGott und SegLeo) ist dieser Brief das einzige erhaltene Autograph des Heiligen. Er ist auf einem kleinen Stück Pergament geschrieben und wird im Domschatz zu Spoleto aufbewahrt. Franziskus spricht hier kurz das Grundanliegen seines Lebens aus und empfiehlt es nachdrücklich dem Bruder Leo.

1 Bruder Leo, dein Bruder Franziskus wünscht dir Heil
2 und Frieden. So sage ich dir, mein Sohn, wie eine Mutter,
weil ich alle Worte, die wir auf dem Wege gesprochen
haben, kurz in diesem Wort unterbringe und rate —
und wenn es dir nachher (doch) nottut, um einen Rat zu
3 mir zu kommen — so also rate ich dir: Auf welche Weise
auch immer es dir besser erscheint, Gott, dem Herrn, zu
gefallen und seinen Fußspuren und seiner Armut zu fol-
gen, so tut[2] es mit dem Segen Gottes, des Herrn, und mit
4 dem Gehorsam gegen mich. Und wenn es dir notwendig
ist, um deiner Seele oder deines sonstigen Trostes willen
zu mir zu kommen, und wenn du zu mir kommen willst,
Leo, so komm.

[1] Der lateinische Titel lautet: „Epistola ad fratrem Leonem" (Abkürzung: EpLeo). Lateinische Ausgabe: *Eßer,* Die Opuscula, 216-224; *Eßer,* Opuscula, 129-130.

[2] Hier verfällt Franziskus merkwürdigerweise aus kaum erklärlichen Gründen mit der Anrede in die Mehrzahl.

Brief an einen Minister[1] (BrMin)

Der Brief ist frühestens vor dem Pfingstkapitel 1218, spätestens vor dem Pfingstkapitel 1221 geschrieben. Der Name des Adressaten ist nicht bekannt. Franziskus schreibt dem Minister wegweisende Gedanken für jeden, der als Ordenschrist im Andrang vielfältiger Anforderungen die Verbundenheit mit Gott erhalten will. Ferner gibt der Brief Aufschluß über die Art, wie der Heilige dem sündigen Versagen bei seinen Brüdern begegnet wissen wollte. Auch ergeben sich Erkenntnisse über die Anfänge der organisatorischen und gesetzgeberischen Entwicklung im Orden der Minderen Brüder.

1 Dem Bruder N., dem Minister.
Der Herr segne dich (vgl. Num 6, 24a).
2 So gut ich kann, sage ich dir zu dem Anliegen deiner
Seele: Alles, was dich hindert, Gott den Herrn zu lieben,
und wer immer dir Schwierigkeiten machen mag, ent-
weder Brüder oder andere, auch wenn sie dich schlagen
3 sollten, alles mußt du für Gnade halten. Und also sollst
4 du verlangen und nicht anders. Und dies gelte dir um des
wahren Gehorsams willen gegen Gott den Herrn und
gegen mich; denn ich weiß sicher, daß dies der wahre Ge-
5/6 horsam ist. Und liebe jene, die dir solches antun. Und du
sollst nichts anderes von ihnen verlangen, als was der
7 Herr dir geben wird. Und darin liebe sie; und du sollst
8 nicht verlangen, sie möchten[2] bessere Christen sein. Und
9 dies soll dir mehr sein als eine Einsiedelei. Und darin will
ich erkennen, ob du den Herrn und mich, seinen und
deinen Knecht, liebst, wenn du folgendes tust, nämlich:
es darf keinen Bruder auf der Welt geben, mag er auch
gesündigt haben, soviel er nur sündigen konnte, der deine
Augen gesehen hat und dann von dir fortgehen müßte
10 ohne dein Erbarmen, wenn er Erbarmen sucht. Und sollte

---

[1] Der lateinische Titel: lautet: „Epistola ad ministrum" (Abkürzung: EpMin). Lateinische Ausgabe: *Eßer,* Die Opuscula, 225-236; *Eßer,* Opuscula, 131-134.

[2] Eine Handschrift fügt hier den erklärenden Zusatz ein: „um deinetwillen", was von Franziskus wohl auch gemeint ist. Jeder Egoismus, und sei er auch fromm getarnt, soll ausgeschieden werden.

er nicht Erbarmen suchen, dann frage du ihn, ob er Er-
11 barmen will. Und würde er danach auch noch tausendmal
vor deinen Augen sündigen, liebe ihn mehr als mich, da-
mit du ihn zum Herrn ziehst. Und mit solchen habe im-
12 mer Erbarmen. Und teile dies, sobald du kannst, den
Guardianen mit, daß du für dich fest entschlossen bist, so
zu handeln.

13 Für alle Kapitel aber, die in der Regel sind, die von
Todsünden handeln, werden wir mit Gottes Hilfe auf
dem Pfingstkapitel mit dem Rate der Brüder dieses fol-
14 gende Kapitel einsetzen: Wenn ein Bruder, vom Feinde
verführt, tödlich gesündigt hat, dann soll er im Gehorsam
verpflichtet sein, zu seinem Guardian Zuflucht zu neh-
15 men. Und alle Brüder, die wissen, daß er gesündigt hat,
16 dürfen ihn nicht beschämen, noch herabsetzen; sie sollen
vielmehr großes Erbarmen mit ihm haben und die Sünde
ihres Bruders ganz geheim halten; denn „nicht die Ge-
sunden bedürfen des Arztes, sondern die Kranken“ (Mt
9, 12). Sie sollen gleichfalls im Gehorsam verpflichtet sein,
ihn mit einem Begleiter zu ihrem Kustos zu schicken.
17 Und der Kustos soll selbst voll Erbarmen um ihn besorgt
sein, so wie er selber wünschte, daß man sich um ihn
18 sorge, wenn er in einer ähnlichen Lage wäre. Und wenn
er in eine andere läßliche Sünde gefallen ist, soll er bei
19 seinem Bruder beichten, der Priester ist. Und falls dort
kein Priester ist, so möge er seinem Bruder beichten, bis
er einen Priester finden wird, der ihn rechtmäßig los-
20 spricht, wie gesagt worden ist. Und diese sollen in keiner
Weise die Vollmacht haben, eine andere Buße aufzuer-
legen als diese: „Gehe hin und sündige nicht mehr“ (vgl.
Joh 8, 11).

21 Damit dieses Schreiben besser befolgt werden könne,
sollst du es bis Pfingsten bei dir haben; dort wirst du mit
22 deinen Brüdern sein. Und mit Gottes des Herrn Hilfe
werdet ihr Sorge tragen, dies und alles andere, was in der
Regel unzureichend ist, zu ergänzen.

Brief an den gesamten Orden[1] (BrOrd)

Der Brief ist sicher nach Februar/März 1220 entstanden, wahrscheinlich aber 1225. Wie der „Brief an die Kleriker" und der „Brief an die Kustoden I" nimmt er Bezug auf das Schreiben „Sane cum olim" des Papstes Honorius III., das dieser Ende 1219 an viele Bischöfe schickte, um die Ehrfurcht gegenüber der Eucharistie zu fördern. Franziskus hält sich teilweise bis in den Wortlaut an dieses Schreiben. Der Brief spricht nicht nur von der Frömmigkeit des Heiligen, sondern auch von seinem Verhältnis zu den Brüdern, das nicht frei von Enttäuschungen war. — Das Schlußgebet des Briefes ist ein besonders kostbares Zeugnis franziskanischen Betens. Es ist ein Gebet, das nur ein auch vor Gott ganz Armer so sprechen kann.

1 Im Namen der höchsten Dreifaltigkeit und heiligen Einheit, des Vaters und des Sohnes und des Heiligen Geistes. Amen.

[Prolog]

2 Allen hochwürdigen und viellieben Brüdern, dem Bru-
der A.[2], dem Generalminister des Ordens der Minderen
Brüder, seinem Herrn, und den anderen Generalmini-
stern, die nach ihm sein werden, und allen in Christo
demütigen Ministern und Kustoden und Priestern dieser
Brüderschaft und allen einfachen und gehorsamen Brü-
3 dern, den ersten und den letzten, / wünscht Bruder Fran-
ziskus, ein unbedeutender und hinfälliger Mensch, euer
ganz kleiner Knecht, Heil in dem, der uns erlöst und in
seinem überaus kostbaren Blute gewaschen hat (vgl. Offb
4 1, 5). Wenn ihr seinen Namen hört, betet ihn an mit
Furcht und Ehrerbietung, „tief zur Erde gebeugt" (vgl.
2 Esr 8, 6): es ist der Herr Jesus Christus, dessen Name
„Sohn des Allerhöchsten" (vgl. Lk 1, 32), „der gebene-
deit ist in Ewigkeit" (Röm 1, 25).

---

[1] Der lateinische Titel lautet: „Epistola toti ordini missa" (Abkürzung: EpOrd). Lateinische Ausgabe: *Eßer*, Die Opuscula, 237-269; *Eßer*, Opuscula, 135-150.

[2] Eine Reihe von Handschriften bringt hier verschiedene Buchstaben, die einen Namen abgekürzt wiedergeben. Die Abschreiber haben wohl den Namen des jeweiligen Generalministers eingesetzt.

5 Hört, ihr Söhne des Herrn[3] und meine Brüder, „und
6 vernehmt mit euren Ohren meine Worte“ (Apg 2, 14).
„Neigt das Ohr“ (Jes 55, 3) eures Herzens und gehorcht
7 der Stimme des Sohnes Gottes. Haltet seine Gebote in
eurem ganzen Herzen und erfüllt seine Räte in vollkom-
8 mener Gesinnung. „Lobpreiset ihn, denn er ist gut“ (Ps
135, 1), und „verherrlicht ihn in euren Werken“ (Tob
9 12, 6). Denn dazu hat er euch in alle Welt gesandt (vgl.
Tob 13, 4), daß ihr durch Wort und Werk seiner Stimme
Zeugnis gebt und alle wissen laßt, daß „niemand allmäch-
10 tig ist außer ihm“ (Tob 13, 4). Verharret in der Zucht
und im heiligen Gehorsam (Hebr 12, 7), und was ihr ihm
mit gutem und festem Vorsatz versprochen habt, das er-
11 füllt. Wie seinen Kindern bringt sich Gott der Herr uns
dar (Hebr 12, 7).

[1. Von der Ehrfurcht vor dem Sakrament]

12 Daher bitte ich euch alle, meine Brüder, euch die Füße
küssend, mit der Liebe, deren ich fähig bin, daß ihr alle
Ehrfurcht und alle Ehre, soviel auch immer ihr könnt,
dem heiligsten Leib und Blut unseres Herrn Jesus Chri-
13 stus erweist, / in dem alles, was im Himmel und was auf
Erden ist, befriedet und mit dem allmächtigen Gott ver-
söhnt worden ist (Kol 1, 20).

[2. Von der Messe]

14 Ich bitte auch im Herrn alle meine Brüder Priester,
die Priester des Allerhöchsten sind und sein werden und
zu sein verlangen, daß sie, sooft sie nur die Messe feiern
wollen, selber rein und in reiner Gesinnung, mit Ehr-
furcht und in heiliger und reiner Absicht das wahre Opfer
des heiligsten Leibes und Blutes unseres Herrn Jesus Chri-
stus darbringen, nicht um irgendeiner irdischen Sache wil-
len, auch nicht aus Furcht oder Liebe zu irgendeinem
Menschen, als wollten sie den Menschen gefallen (vgl. Eph
15 6, 6; Kol 3, 22). Vielmehr soll jegliches Wollen, soweit die
Gnade hilft, auf Gott gerichtet sein und deshalb danach
verlangen, einzig ihm, dem höchsten Herrn, zu gefallen,

[3] Möglich wäre auch die Übersetzung: „ihr Herren Söhne“. Eine solche Ausdrucksweise ist für Franziskus nicht ungewohnt.

16 weil er allein dort wirkt, wie es ihm gefällt. Denn wie er
selber sagt: „Tut dies zu meinem Gedächtnis“ (Lk 22, 19;
1 Kor 11, 24); wenn einer anders handelt, so macht er sich
zum Verräter Judas und wird „schuldig am Leibe und
Blute des Herrn“ (vgl. 1 Kor 11, 27).
17 Erinnert euch, meine Brüder Priester, was über das
Gesetz des Moses geschrieben ist: Wer es auch nur in irdi-
schen[4] Dingen übertrat, starb ohne Erbarmen durch den
18 Richterspruch des Herrn (vgl. Hebr 10, 28). „Wieviel
größere“ und schlimmere „Strafen erleidet gerechterweise,
wer den Sohn Gottes mit Füßen getreten und das Blut
des Bundes, in dem er geheiligt worden ist, für unrein
gehalten und dem Geist der Gnade Schmach angetan hat“
19 (Hebr 10, 29)? Denn der Mensch verachtet das Lamm
Gottes, verunehrt es und tritt es mit Füßen, wenn er, wie
der Apostel sagt, das heilige Brot Christi nicht unterschei-
det und auseinanderhält von anderen Speisen oder Wer-
ken (1 Kor 11, 29) oder es unwürdig ißt oder auch, wenn
er würdig wäre, es sinnlos und ungeziemend ißt, da der
Herr durch den Propheten sagt: „Verflucht der Mensch,
der das Werk Gottes in trügerischer Weise vollzieht“
20 (vgl. Jer 48, 10). Und die Priester, die sich dies nicht zu
Herzen nehmen wollen, verdammt er in Wahrheit, indem
er sagt: „Fluchen will ich euren Segnungen“ (Mal 2, 2).
21 Hört, meine Brüder: Wenn die selige Jungfrau so ge-
ehrt wird, wie es geziemend ist, weil sie ihn in ihrem hei-
ligsten Schoße getragen hat; wenn der selige Täufer er-
zitterte und nicht wagt[5], den heiligen Scheitel Gottes zu
berühren; wenn das Grab verehrt wird, in dem er eine
22 Zeitlang gelegen hat, / wie heilig, gerecht und würdig
muß dann der sein, der den, der nicht mehr sterben wird,
sondern ewig leben und verherrlicht sein wird, den „zu
schauen die Engel sich sehnen“ (1 Petr 1, 12), mit den
Händen berührt, mit dem Herzen und Munde empfängt
und anderen zum Empfang darreicht!
23 Seht eure Würde, ihr Brüder (vgl. 1 Kor 1, 26) Priester,
und seid heilig, weil er selbst heilig ist (vgl. Lev 19, 2)!
24 Und wie Gott der Herr euch wegen dieses Dienstes über

---

[4] Im lateinischen Text steht das Wort: „corporalis“, leiblich, körperlich, fleischlich; im Mittellateinischen auch „irdisch“.

[5] Die Gegenwartsform steht auch im Originaltext („audet“)

alle geehrt hat, so liebt auch ihr ihn mehr als alle übrigen,
25 erweist ihm Ehrfurcht und ehrt ihn. Es ist ein großes
Elend und eine beklagenswerte Schwäche, wenn ihr euch,
während ihr ihn so gegenwärtig habt, noch um irgend
etwas anderes in der ganzen Welt kümmert.
26 Der ganze Mensch erschauere, die ganze Welt erbebe,
und der Himmel juble, wenn auf dem Altar in der Hand
des Priesters „Christus, der Sohn des lebendigen Gottes"
27 ist (Joh 11, 27)! O wunderbare Hoheit und staunenswerte
Herablassung! O erhabene Demut! O demütige Erhaben-
heit, daß der Herr des Alls, Gott und Gottes Sohn, sich so
erniedrigt, daß er sich zu unserem Heil unter der an-
28 spruchslosen Gestalt des Brotes verbirgt! Seht, Brüder, die
Demut Gottes und „schüttet vor ihm eure Herzen aus"
(Ps 61, 9)! Demütigt auch ihr euch, damit ihr von ihm
29 erhöht werdet (vgl. 1 Petr 5, 6; Jak 4, 10)! Behaltet darum
nichts von euch für euch zurück, damit euch als Ganze
aufnehme, der sich euch ganz hingibt!

[3. Davon, daß man nur eine Messe halten soll]

30 Deshalb mahne und ermahne ich im Herrn, daß an den
Orten, wo die Brüder weilen, nur eine Messe täglich ge-
feiert werde nach der Vorschrift der heiligen Kirche.
31 Wenn aber mehrere Priester an dem Orte sein sollten,
so sei der eine um der Liebe zur Liebe [= Gott] willen
mit dem Anhören der Messe des anderen Priesters zu-
32 frieden. Denn der Herr Jesus Christus sättigt die Anwe-
33 senden und die Abwesenden, die seiner würdig sind. Wenn
man ihn auch an mehreren Orten zugegen sieht, so bleibt
er dennoch unteilbar und kennt keine Verminderungen[6],
sondern als der Eine wirkt er allerorten, wie es ihm ge-
fällt, mit dem Herrn, Gott dem Vater und dem Heiligen
Geiste, dem Tröster in der Ewigkeiten Ewigkeiten. Amen.

[4. Von der Ehrfurcht vor den heiligen Worten]

34 Und weil der, welcher aus Gott ist, auf Gottes Worte
hört (vgl. Joh 8, 47), deshalb müssen wir, die ganz be-
sonders zum Dienste Gottes bestellt sind, nicht nur hören

[6] Vgl. das Osterlob „Exultet" in der Feier der Osternacht, wo die gleiche Aussage vom Licht der Osterkerze gemacht wird.

und tun, was Gott spricht, sondern müssen auch die Ge-
fäße und das übrige zum Gottesdienst Bestimmte, das
seine heiligen Worte enthält, behüten, damit die Erhaben-
heit unseres Schöpfers und unsere Unterwerfung unter
35 ihn in uns eindringe. Deshalb ermahne ich alle meine
Brüder und bestärke sie in Christus, daß, wo immer sie
geschriebene göttliche Worte finden, sie dieselben, so gut
36 sie können, ehrfürchtig behandeln. Und soweit es an
ihnen liegt, sollen sie diese sammeln und verwahren, wenn
sie nicht gut aufbewahrt sind oder ungeziemend irgend-
wo zerstreut liegen, und so in den Worten, „die er ge-
37 sprochen hat“ (3 Kön 2, 4), den Herrn ehren. Vieles wird
nämlich durch die Worte Gottes geheiligt (vgl. 1 Tim
4, 5), und in der Kraft der Worte Christi wird das Sakra-
ment des Altares vollzogen.

[5. Des hl. Franziskus Schuldbekenntnis]

38 Überdies bekenne ich dem Herrn, Gott dem Vater und
dem Sohn und dem Heiligen Geist, der seligen, immer-
währenden Jungfrau Maria und allen Heiligen im Him-
mel und auf der Erde, dem Bruder H.[7], dem Minister
unseres Ordens als meinem verehrungswürdigen Herrn,
und den Priestern unseres Ordens und allen meinen an-
39 deren gebenedeiten Brüdern alle meine Sünden. In vielem
habe ich durch meine schwere Schuld gefehlt, besonders
weil ich die Regel, die ich dem Herrn versprochen, nicht
gehalten habe, und auch das Stundengebet, wie es die Re-
gel vorschreibt, nicht verrichtet habe, sei es aus Nachläs-
sigkeit, sei es aus Anlaß meiner Krankheit, sei es, weil
ich unwissend und ungebildet bin.

[6. Von der Regel und der Art und Weise, das Stundengebet zu verrichten, und wie die Brüder singen sollen]

40 Daher bitte ich inständig, so gut ich nur kann, den
Generalminister Bruder H., meinen Herrn, daß er die
41 Regel von allen unverletzt beobachten lasse; und daß die
Kleriker das Stundengebet mit Hingabe vor Gott verrich-
ten mögen, wobei sie nicht auf den Wohllaut der Stimme,

[7] Vgl. oben Anmerkung 2. Hier wie auch in Vers 40 und 47 dürfte der Buchstabe H die Abkürzung für „Helias“ sein.

sondern auf den Gleichklang des Geistes achten sollen, auf
daß die Stimme mit dem Geist gleichklinge, der Geist
42 aber mit Gott gleichklinge. So können sie Gott durch die
Reinheit des Herzens versöhnen und nicht mit Überschwenglichkeit der Stimme den Ohren des Volkes schmei-
43 cheln. Ich jedenfalls verspreche, dies fest zu beobachten,
wie mir Gott die Gnade geben wird; und dies möchte ich
zur Beobachtung im Stundengebet und in den übrigen
Regelvorschriften den Brüdern übergeben, die mit mir
sind.

44 Diejenigen Brüder aber, die dies nicht beobachten wollen, halte ich nicht für katholisch und nicht für meine
Brüder. Ich will sie auch nicht sehen, noch mit ihnen spre-
45 chen, bis sie Buße getan haben. Dies sage ich auch von
allen anderen, die ungebunden umherschweifen und sich
46 um die Zucht der Regel nicht kümmern; denn unser Herr
Jesus Christus hat sein Leben hingegeben, um den Gehorsam gegen seinen heiligsten Vater nicht zu verwirken.

47 Ich, Bruder Franziskus, ein unnützer Mensch und ein
unwürdiges Geschöpf Gottes, des Herrn, sage durch den
Herrn Jesus Christus dem Bruder H., dem Minister unseres ganzen Ordens, und allen Generalministern, die
nach ihm sein werden, und den übrigen Kustoden und
Guardianen der Brüder, die es sind und sein werden, daß
sie dieses Schreiben bei sich haben, ins Werk setzen und
48 sorgfältig aufbewahren. Und ich bitte sie inständig, sorgsam zu bewahren, was darin geschrieben steht, und es
noch eifriger beobachten zu lassen nach dem Wohlgefallen des allmächtigen Gottes, jetzt und immer, solange
diese Welt besteht.

49 „Gesegnet seid ihr vom Herrn“ (Ps 113, 23), die ihr dies
tut, und der Herr sei auf ewig mit euch. Amen.

[Gebet]

50 Allmächtiger, ewiger, gerechter und barmherziger Gott,
verleihe uns Elenden, um deiner selbst willen das zu tun,
von dem wir wissen, daß du es willst und immer zu wol-
51 len, was dir gefällt, / damit wir, innerlich geläutert, innerlich erleuchtet und vom Feuer des Heiligen Geistes entflammt, den Fußspuren (vgl. 1 Petr 2, 21) deines geliebten

Sohnes, unseres Herrn Jesus Christus folgen können /
52 und allein durch deine Gnade zu dir, Allerhöchster, zu gelangen vermögen, der du in vollkommener Dreifaltigkeit und einfacher Einheit lebst und herrschest und verherrlicht wirst als allmächtiger Gott durch alle Ewigkeiten der Ewigkeiten. Amen.

Erklärung zum Vaterunser[1] (ErklVat)

Diese betende Aufschließung des Vaterunsers ist zwar nicht in allen Teilen ein originales Werk des hl. Franziskus. Er hat sich hier anderer Vorlagen bedient. Aber dieses Gebet ist doch ganz seinem Geiste entsprechend und ist teilweise auch von ihm selber verfaßt.

1 O heiligster *Vater unser*[2]: unser Schöpfer, Erlöser, Tröster und Heiland.

2 *Der du bist in den Himmeln*[3]: in den Engeln und in den Heiligen. Du erleuchtest sie zum Erkennen, weil du, Herr, das Licht bist. Du entflammst sie zur Liebe, weil du Herr, die Liebe bist. Du wohnst in ihnen und erfüllst sie zur Seligkeit, weil du Herr, das höchste Gut bist, das ewige Gut, von dem jegliches Gute kommt, ohne den nichts Gutes ist.

3 *Geheiligt werde dein Name:* aufleuchten soll in uns die Kenntnis von dir, damit wir erkennen die Breite deiner Wohltaten, die Länge deiner Verheißungen, die Höhe der Majestät und die Tiefe der Gerichte (vgl. Eph 3, 18).

4 *Dein Reich komme:* damit du in uns durch die Gnade herrschest und uns in dein Reich kommen lassest, wo ist die unverhüllte Anschauung deiner selbst, die vollkommene Liebe zu dir, die selige Gemeinschaft mit dir, das ewige Genießen deiner selbst.

5 *Dein Wille geschehe, wie im Himmel so auf Erden:* damit wir dich lieben aus ganzem Herzen (vgl. Lk 10, 27), indem wir immer an dich denken; aus ganzer Seele, indem wir immer nach dir verlangen; aus ganzem Gemüte, indem wir all unser Streben zu dir hinlenken und deine Ehre in allem suchen; und aus allen unseren Kräften, indem wir alle unsere Kräfte und Empfindungen der Seele und des Leibes zum Gehorsam gegen deine Liebe und für

---

[1] Der lateinische Titel lautet: „Expositio in Pater noster" (Abkürzung: ExpPat). Lateinische Ausgabe: *Eßer,* Die Opuscula, 285-295; *Eßer,* Opuscula, 157-161.

[2] Franziskus setzte dem ersten Wort des Vaterunser, „Vater", das Eigenschaftswort „Heiligster" voraus.

[3] Es kann hier *nicht* die heutige deutsche Fassung gebracht werden: „Vater unser im Himmel", weil der lateinische Text, der Franziskus geläufig war, wörtlich lautet: „Vater unser, der du bist in den Himmeln."

nichts anderes aufbieten. Und damit wir unsere Nächsten wie uns selbst lieben, indem wir alle nach Kräften zu deiner Liebe hinziehen, uns über das Gute der anderen wie über das unsrige freuen und in Widerwärtigkeiten Mitleid mit ihnen haben und niemanden irgendwie beleidigen (vgl. 2 Kor 6, 3).

6 *Unser tägliches Brot:* deinen geliebten Sohn, unseren Herrn Jesus Christus, *gib uns heute:* zum Gedächtnis und Verständnis und zur Hochachtung der Liebe, die er zu uns gehabt hat, und dessen, was er für uns gesprochen, getan und erduldet hat.

7 *Und vergib uns unsere Schuld:* durch dein unsagbares Erbarmen und durch die Kraft des Leidens deines geliebten Sohnes und durch die Verdienste und Fürsprache der allerseligsten Jungfrau Maria und aller deiner Auserwählten.

8 *Wie auch wir vergeben unseren Schuldigern:* Und was wir nicht vollkommen vergeben, mach du, Herr, daß wir es gänzlich vergeben, damit wir die Feinde um deinetwillen wahrhaft lieben und für sie bei dir ergeben Fürsprache einlegen, niemandem Böses mit Bösem vergelten (vgl. 1 Thess 5, 15) und in allen in dir nützlich zu sein uns bemühen.

9 *Und führe uns nicht in Versuchung:* in keine verborgene oder offenkundige, unvermutete oder ungestüme.

10 *Sondern erlöse uns von dem Bösen:* dem vergangenen, gegenwärtigen und zukünftigen. Ehre sei dem Vater usw.

Ermahnungen[1] (Erm)

Die Ermahnungen sind eine sehr alte Sammlung von Mahnworten und Lobsprüchen, die Franziskus zu verschiedenen Zeiten geäußert hat und die wahrscheinlich schon zu seinen Lebzeiten zusammengestellt wurden. Insgesamt kann man die Ermahnungen bezeichnen als das Hohelied der Armut im Geiste, die sich in der Brüderlichkeit vollendet. Gerade die Ermahnungen zeigen, was Franziskus unter einem Leben der Armut in letzter Tiefe verstanden hat.

[Kap. 1: Vom Leib des Herrn]

1 Der Herr Jesus sagt zu seinen Jüngern: „Ich bin der
Weg, die Wahrheit und das Leben; niemand kommt zum
2 Vater außer durch mich. Wenn ihr mich erkenntet, wür-
det ihr auch meinen Vater erkennen; doch von nun an
3 kennt ihr ihn und habt ihn gesehen. Philippus sagt zu
4 ihm: Herr, zeige uns den Vater, und das genügt uns. Je-
sus sagt zu ihm: Solange Zeit bin ich bei euch, und ihr
habt mich nicht erkannt? Philippus, wer mich sieht, sieht
5 auch meinen Vater“ (Joh 14, 6-9). Der Vater „wohnt in
unzugänglichem Licht“ (vgl. 1 Tim 6, 16), und „Gott ist
ein Geist“ (Joh 4, 24), und „niemand hat Gott je gese-
6 hen“ (Joh 1, 18). Deshalb kann er auch nur im Geist ge-
schaut werden, „denn der Geist ist es, der lebendig macht;
7 das Fleisch nützt nichts“ (Joh 6, 64). Aber auch der Sohn
wird, insofern er dem Vater gleich ist, von niemandem
anders geschaut als der Vater, und auch nicht anders als
8 der Heilige Geist. Daher sind alle verurteilt, die den
Herrn Jesus in seiner Menschennatur gesehen haben und
nicht dem Geist und seiner Gottheit entsprechend ge-
schaut und geglaubt haben, daß er der wahre Sohn Got-
9 tes ist. Ebenso sind auch jetzt alle verurteilt, die das Sa-
krament sehen, das durch die Worte des Herrn auf dem
Altare durch die Hand des Priesters heilig gegenwärtig
gesetzt wird in der Gestalt von Brot und Wein, aber
nicht dem Geist und der Gottheit entsprechend schauen
und glauben, daß es wahrhaft der heiligste Leib und das

[1] Der lateinische Titel lautet: „Admonitiones“ (Abkürzung: Adm). Lateinische Ausgabe: *Eßer*, Die Opuscula, 65-121; *Eßer*, Opuscula, 58-82.

10 Blut unseres Herrn Jesus Christus ist. Dies bezeugt der
Allerhöchste selbst, der sagt: „Das ist mein Leib und das
Blut meines Neuen Bundes, [das für die Vielen vergos-
11 sen wird]" (Mk 14, 22. 24), und: „Wer mein Fleisch ißt
und mein Blut trinkt, hat das ewige Leben" (vgl. Joh
12 6, 55). Daher ist es der Geist des Herrn, welcher in seinen
Gläubigen wohnt, der den heiligsten Leib und das Blut
13 des Herrn empfängt[2]. Alle anderen, die nichts von eben
diesem Geist haben und ihn zu empfangen wagen, „essen
und trinken sich das Gericht" (vgl. 1 Kor 11, 29).

14 Darum, „ihr Menschenkinder, wie lange noch wollt ihr
15 harten Herzens bleiben" (Ps 4, 3)? Warum erkennt ihr
nicht die Wahrheit und „glaubt an den Sohn Gottes" (Joh
16 9, 35)? Seht doch, täglich erniedrigt er sich (vgl. Phil 2, 8),
wie er einst „vom königlichen Thron herab" (Weish
17 18, 15) in den Schoß der Jungfrau kam. Täglich kommt er
18 selber zu uns und zeigt sich in Demut. Täglich steigt er
aus dem Schoß des Vaters in den Händen des Priesters
19 herab auf den Altar. Und wie er sich den heiligen Apo-
steln im wirklichen Fleische zeigte, so zeigt er sich uns
20 auch jetzt im heiligen Brot. Und wie diese beim Anblick
seines Fleisches nur sein Fleisch sahen, aber glaubten, daß
er Gott ist, weil sie ihn mit geistigen Augen schauten, /
21 so laßt auch uns, die mit leiblichen Augen Brot und Wein
sehen, schauen und fest glauben, daß es lebendig und
22 wahrhaftig sein heiligster Leib und sein Blut ist. Und auf
diese Weise ist der Herr immer bei seinen Gläubigen, wie
er selber sagt: „Seht, ich bin bei euch bis zur Vollendung
der Welt" (Mt 28, 20).

---

[2] Dieser Satz ist zunächst schwer zu verstehen. Hinter der Aussage des heiligen Franziskus steht wohl das Wort des heiligen Paulus: „Die Liebe Gottes ist ausgegossen in unsere Herzen durch den Heiligen Geist, der uns gegeben ist" (Röm 5, 5). Der Heilige Geist ist aber die Liebe, die Vater und Sohn im dreifaltigen Leben Gottes verbindet. Er, der Geist der Liebe ist es, der im Menschen lebt und wirkt (vgl. 1 Kor 6, 19). Er ist es, der auch die Vereinigung mit Christus und in ihm mit dem Vater, die durch die Eucharistie bewirkt wird, ermöglicht. Kommunion ist also die Hereinnahme des Menschen in das göttliche Leben durch den Heiligen Geist, durch seine Liebe. *Er* ist also der Hauptwirkende, nicht der Mensch.

[Kap. 2: Vom Übel des Eigenwillens]

1 Der Herr hat zu Adam gesagt: „Von jedem Baum
darfst du essen; aber von dem Baum des Guten und Bö-
2 sen sollst du nicht essen“ (vgl. Gen 2, 16. 17). Von jedem
Baum des Paradieses konnte er essen, denn solange er
nicht gegen den Gehorsam verstieß, sündigte er nicht.
3 Jener nämlich ißt von dem Baum der Erkenntnis des
Guten, der seinen Willen als ein Eigentum beansprucht
und sich mit dem Guten brüstet, das der Herr in ihm
4 spricht und wirkt. Und so ist durch die Einflüsterung des
Teufels und die Übertretung des Gebotes der Apfel der
5 Erkenntnis des Bösen geworden. Daher muß er Strafe er-
dulden.

[Kap. 3: Vom vollkommenen Gehorsam]

1 Der Herr sagt im Evangelium: „Wer nicht allem ent-
sagt, was er besitzt, kann nicht mein Jünger sein“ (Lk
2 14, 33); / und: „Wer sein Leben retten will, wird es ver-
3 lieren“ (Lk 9, 24). Jener Mensch verläßt alles, was er be-
sitzt, und verliert sein Leben[3], der sich selbst zum Gehor-
4 sam ganz in die Hände seines Oberen übergibt. Und was
immer er tut und redet, wenn er davon weiß, daß es nicht
gegen den Willen des Oberen ist, so ist dies der wahre
5 Gehorsam, sofern nur das, was er tut, gut ist. Und wenn
der Untergebene einmal etwas sieht, was für seine Seele
besser und nützlicher ist als das, was der Obere ihm be-
fiehlt, so soll er das Seine freiwillig Gott zum Opfer brin-
gen; was aber vom Oberen kommt, soll er tatkräftig zu
6 erfüllen trachten. Denn das ist der von Liebe getragene
Gehorsam (vgl. 1 Petr 1, 22), weil er Gott und dem Näch-
sten Genüge leistet.
7 Wenn aber der Obere [dem Untergebenen] etwas gegen
seine Seele befehlen würde, so darf er ihm zwar nicht ge-
8 horchen, soll ihn aber nicht verlassen. Und wenn er des-
halb von einigen verfolgt würde, soll er sie um Gottes
9 willen noch mehr lieben. Denn wer eher Verfolgung er-
trägt, als daß er von seinen Brüdern getrennt werden
wollte, der verharrt wahrlich im vollkommenen Gehor-
sam, weil er „sein Leben einsetzt“ (vgl. Joh 15, 13) für

[3] Vgl. dazu Mt 16, 25b.

10 seine Brüder. Es gibt nämlich viele Ordensleute, die unter
dem Vorwand, etwas Besseres zu sehen als das, was ihre
Oberen ihnen befehlen, rückwärts schauen (vgl. Lk 9, 62)
und „zum Auswurf“ des eigenen Willens zurückkehren
11 (vgl. Spr 26, 11; 2 Petr 2, 22). Diese sind Mörder und
bewirken wegen ihrer bösen Beispiele, daß viele Seelen
verlorengehen.

[Kap. 4: Daß niemand das Oberenamt als sein Eigentum beanspruche]

1 „Ich bin nicht gekommen, mich bedienen zu lassen, son-
2 dern um zu dienen“ (Mt 20, 28), sagt der Herr. Jene, die
über andere gesetzt worden sind, sollen sich nur so dieses
Oberenamtes rühmen, wie sie es tun würden, wenn sie
zum Dienst der Fußwaschung an den Brüdern bestimmt
3 worden wären. Und je mehr sie über den Entzug des
Oberenamtes stärker in Aufregung versetzt werden als
über das Amt der Fußwaschung, um so mehr häufen sie
sich Reichtümer an[4] als Gefahr für die Seele.

[Kap. 5: Daß niemand sich stolz erhebe, sich vielmehr im Kreuze des Herrn rühme]

1 Bedenke, o Mensch, in welch erhabene Würde Gott der
Herr dich eingesetzt hat, da er dich dem Leibe nach zum
Bilde seines geliebten Sohnes und dem Geiste nach zu sei-
ner Ähnlichkeit erschaffen und gestaltet hat (vgl. Gen
2 1, 26). Und alle Geschöpfe, die unter dem Himmel sind,
dienen ihrem Schöpfer, erkennen ihn und gehorchen
3 ihm ihrem Wesen nach besser als du. Und selbst die bö-
sen Geister haben ihn nicht gekreuzigt; aber du hast ihn
im Bunde mit ihnen gekreuzigt und kreuzigst ihn auch
jetzt noch (vgl. Hebr 6, 6), wenn du deine Freude an
4 Lastern und Sünden hast. Wessen also kannst du dich
5 rühmen? Denn, wenn du auch scharfsinnig und weise
wärest, daß du alles Wissen (vgl. 1 Kor 13, 2) hättest und
verständest, alle Arten von Sprachen auszulegen (vgl.
1 Kor 12, 28) und himmlische Dinge scharfsinnig zu er-

[4] Wörtlich übersetzt heißt das: „füllen sie sich den Geldbeutel“. Dies ist als Hinweis auf die Haltung des Verräters Judas zu verstehen, wie sie Joh 12, 4-6 kennzeichnet. — Vgl. auch NbReg 8, 7.

6 forschen, kannst du dich all dessen nicht rühmen. Denn
ein einziger böser Geist hat von den himmlischen Dingen
mehr gewußt und weiß jetzt noch mehr von den irdischen
Dingen als alle Menschen, es sei denn, daß es jemand gäbe,
der eine besondere Erkenntnis der höchsten Weisheit vom
7 Herrn erhalten hätte. Ebenso, auch wenn du schöner und
reicher wärest als alle und sogar Wunderwerke voll-
brächtest, so daß du böse Geister vertriebest, dies alles
ist nicht deinem Wesen entsprechend, und nichts gehört
zu dir, und du kannst dich dessen in keiner Weise rüh-
8 men. Aber in dem Folgenden können wir uns rühmen:
in unseren Schwachheiten[5] (vgl. 2 Kor 12, 5), und können
täglich das heilige Kreuz unseres Herrn Jesus Christus
tragen (vgl. Lk 14, 27).

[Kap. 6: Von der Nachahmung des Herrn]

1 Geben wir acht, wir Brüder alle, auf den guten Hirten,
der, um seine Schafe zu retten, die Marter des Kreuzes
2 erlitten hat. Die Schafe des Herrn sind ihm gefolgt in
Drangsal und Verfolgung, Schmach und Hunger, in
Schwachheit[6] und Anfechtung und in allem übrigen, und
sie haben deshalb vom Herrn das ewige Leben erhalten.
3 Daher ist es eine große Schmach für uns Knechte Gottes,
daß die Heiligen Taten vollbracht haben und wir Ruhm
und Ehre erhalten wollen, wenn wir davon berichten.

[Kap. 7: Daß gutes Wirken dem Wissen folgen soll]

1 Der Apostel sagt: „Der Buchstabe tötet, der Geist aber
2 macht lebendig" (2 Kor 3, 6). Jene sind durch den Buch-
staben tot, die nur die Worte allein zu wissen trachten, da-
mit sie unter den anderen für weiser gehalten werden und
große Reichtümer erwerben können, die sie dann Ver-
3 wandten und Freunden schenken. Und jene Ordensleute
sind durch den Buchstaben tot, die nicht dem Geist des
göttlichen Buchstabens folgen wollen, sondern mehr da-
nach streben, einzig die Worte zu wissen und sie ande-
4 ren zu erklären. Und jene sind vom Geist des göttlichen

[5] Das im Original verwendete Wort „infirmitas" kann außer allgemein „Schwachheit" insbesondere auch „Krankheit" bedeuten.

[6] Vgl. oben Anmerkung 5.

Buchstabens zum Leben erweckt, die jeden Buchstaben, den sie wissen und zu wissen trachten, nicht dem eigenen Ich[7] zuschreiben, sondern sie[8] durch Wort und Beispiel Gott, dem höchsten Herrn, zurückerstatten, dem jegliches Gute gehört.

[Kap. 8: Von der Sünde des Neides, die man meiden soll]

1 Der Apostel sagt: „Niemand kann sagen: Herr Jesus,
2 außer im Heiligen Geiste“ (1 Kor 12, 3); und: „Keiner
3 ist, der Gutes tut, auch nicht einer“[9] (Röm 3, 12). Wer
immer also seinen Bruder um des Guten willen beneidet,
das der Herr in ihm redet und wirkt, der zielt ab auf die
Sünde der Gotteslästerung, weil er den Allerhöchsten
selbst beneidet (vgl. Mt 20, 15), der jegliches Gute redet
und wirkt.

[Kap. 9: Von der Liebe]

1 Der Herr sagt: „Liebet eure Feinde [tut Gutes denen,
die euch hassen, und betet für die, welche euch verfolgen
2 und verleumden]“[10] (Mt 5, 44). Jener jedenfalls liebt sei-
seinen Feind wahrhaftig, der nicht Schmerz über das Un-
3 recht empfindet, das jener ihm selber antut, sondern der
um der Liebe Gottes willen wegen der Sünde seiner Seele
4 entbrennt. Und er möge ihm in Werken Liebe erweisen.

[Kap. 10: Von der Züchtigung des Leibes]

1 Viele gibt es, die oft, wenn sie sündigen oder Unrecht
auf sich nehmen, dem Feind oder dem Nächsten die
Schuld geben. Aber so ist es nicht; denn ein jeder hat den
Feind in seiner Gewalt, seinen Leib nämlich, durch den er
3 sündigt. Darum „selig jener Knecht“ (Mt 24, 46), der
einen solchen Feind, der in seine Gewalt gegeben ist, im-
mer gefangen hält, und sich weise vor ihm in acht nimmt.

---

[7] Franziskus sagt hier wörtlich „Leib“.

[8] Im lateinischen Text steht hier „ea“ (Neutrum Plural), das ohne Bezugspunkt ist (vgl. *Eßer*, Die Opuscula, 95).

[9] Es ist möglich, daß Franziskus verstanden hat: „. . . keinen gibt es bis auf einen“, was ein Hinweis auf Christus sein könnte.

[10] Der in Klammern stehende Text ist nicht mit Sicherheit von Franziskus.

4 Denn wenn er das tut, kann ihm kein anderer Feind schaden, sei er sichtbar oder unsichtbar.

[Kap. 11: Daß niemand sich durch das böse Tun eines anderen soll verderben lassen]

1 Einem Knechte Gottes darf außer der Sünde nichts
2 mißfallen. Und wenn eine Person auf irgendeine Weise sündigt, und der Knecht Gottes würde deswegen anders als aus Liebe aufgeregt und zornig sein, dann häuft er
3 sich Reichtümer (vgl. Röm 2, 5) der Schuld an. Jener Knecht, der sich über niemanden erzürnt noch erregt, lebt
4 wirklich ohne Eigentum. Und selig ist, wem nichts übrigbleibt, indem er dem Kaiser gibt, was des Kaisers ist, und Gott, was Gottes ist (Mt 22, 21).

[Kap. 12: Wie man den Geist des Herrn erkennt]

1 So kann der Knecht Gottes geprüft werden, ob er am
2 Geist des Herrn Anteil hat: Wenn sein Ich[11], falls der Herr durch ihn etwas Gutes wirkt, sich deshalb nicht selbst hoch erhebt, weil es immer der Gegner alles Guten ist,
3 sondern wenn er um so mehr in seinen Augen sich unbedeutend dünkt und sich für minderer[12] als alle anderen Menschen hält.

[Kap. 13: Von der Geduld]

1 „Selig die Friedfertigen, denn sie werden Kinder Gottes genannt werden" (Mt 5, 9). Der Knecht Gottes kann nicht erkennen, wie große Geduld und Demut er in sich hat,
2 wenn alles nach seinem Wunsch geht. Wenn aber eine Zeit kommt, daß jene, die seinen Wünschen entsprechend handeln müßten, ihm das Gegenteil antun: was er dann an Geduld und Demut hat, das hat er und nicht mehr.

[Kap. 14: Von der Armut im Geiste]

1 „Selig die Armen im Geiste, den ihrer ist das Himmel-
2 reich" (Mt 5, 3). Viele gibt es, die in Gebeten und Gottes-
3 diensten eifrig sind und ihrem Leib viele Entsagungen und

[11] Wörtlich: „sein Fleisch".

[12] „Minorem" heißt es im Lateinischen. Ob man darin nicht einen Hinweis auf den Ordensnamen „Fratres Minores", Mindere Brüder erblicken darf?

Abtötungen auferlegen, die aber an einem einzigen Wort, das ihrem lieben Ich[13] Unrecht zu tun scheint, oder wegen einer beliebigen Sache, die man ihnen fortnimmt, Anstoß
4 nehmen und darüber sofort in Aufregung geraten. Diese sind nicht arm im Geiste; denn wer wirklich arm im Geiste ist, haßt sich selbst (vgl. Lk 14, 26; Joh 12, 25) und liebt jene, die ihn auf die Wange schlagen (vgl. Mt 5, 39).

[Kap. 15: Vom Frieden]

1 „Selig die Friedfertigen, denn sie werden Kinder Gottes
2 genannt werden" (Mt 5, 9). Jene sind in Wahrheit friedfertig, die bei allem, was sie in dieser Welt erleiden, um der Liebe unseres Herrn Jesus Christus willen in Geist und Leib den Frieden bewahren.

[Kap. 16: Von der Reinheit des Herzens]

1 „Selig, die reinen Herzens sind, denn sie werden Gott
2 schauen (Mt 5, 8). Wahrhaft reinen Herzens sind jene, die das Irdische gering achten, das Himmlische suchen und nicht nachlassen, immer mit reinem Herzen und reiner Seele den Herrn, den lebendigen und wahren Gott, anzubeten und zu schauen.

[Kap. 17: Vom demütigen Knecht Gottes]

1 „Selig jener Knecht" (Mt 24, 46), der sich über das Gute, das der Herr durch ihn selbst sagt und tut, nicht mehr erhebt, als über das, was er durch einen anderen
2 sagt und tut. Es sündigt der Mensch, der von seinem Nächsten mehr empfangen will als das, was er von sich aus Gott, dem Herrn, nicht geben will.

[Kap. 18: Vom Ertragen des Nächsten]

1 Selig der Mensch, der seinen Nächsten in seiner Unzulänglichkeit[14] genau so erträgt, wie er von ihm ertragen werden möchte, wenn er in ganz ähnlicher Lage wäre

[13] Im lateinischen Text steht: „suorum corporum", ihren Leibern.

[14] Mit dem lateinischen Wort „fragilitas" ist all das gemeint, was mit „Menschlichkeiten" bezeichnet wird (Unvollkommenheit, Gebrechlichkeit, Unbeständigkeit, Unzulänglichkeit, Fragwürdigkeit).

2 (vgl. Gal 6, 2; Mt 7, 12). Selig der Knecht, der alles Gute
Gott, dem Herrn, zurückerstattet; denn wer etwas für
sich zurückbehält, „verbirgt“ bei sich „das Geld“ Gottes,
„seines Herrn“ (Mt 25, 18), und „was er zu haben meinte,
wird ihm genommen werden“ (Lk 8, 18).

[Kap. 19: Vom demütigen Knecht Gottes]

1 Selig der Knecht, der sich nicht für besser hält, wenn
er von den Menschen laut gepriesen und erhoben wird,
als wenn er für unbedeutend, einfältig und verächtlich
2 gehalten wird. Denn was der Mensch vor Gott ist, das
3 ist er und nicht mehr. Wehe jenem Ordensmann, der von
anderen hoch erhoben ist und in seiner Eigenwilligkeit
4 nicht herabsteigen will. Und „selig jener Knecht“ (Mt
24, 46), der nicht durch seinen Willen hoch erhoben wird
und der immer danach verlangt, den Füßen der anderen
unterworfen zu sein.

[Kap. 20: Vom echten und vom eingebildeten Ordensmann]

1 Selig jener Ordensmann, der nur an den hochheiligen
Worten und Werken des Herrn seine Wonne und Freude
2 hat / und dadurch die Menschen mit Fröhlichkeit und
3 Freude (vgl. Ps 50, 10) zur Liebe Gottes führt. Wehe je-
nem Ordensmann, der an müßigen und leeren Worten
sein Vergnügen hat und damit die Menschen zum Lachen
reizt.

[Kap. 21: Vom prahlerischen und schwatzhaften Ordensmann]

1 Selig der Knecht, der, wenn er redet, nicht mit dem
Blick auf Belohnung all das Seinige herausstellt und nicht
rasch beim Reden ist (vgl. Spr 29, 20), sondern weise
2 voraussieht, was er reden und antworten soll. Wehe jenem
Ordensmann, der das Gute, das der Herr ihm geoffenbart
hat, nicht in seinem Herzen bewahrt (vgl. Lk 2, 19. 51)
und es anderen nicht nur durch das Wirken zeigt, sondern
es lieber mit dem Blick auf Belohnung den Menschen
3 durch Worte zu offenbaren wünscht. Er selbst empfängt
seinen Lohn (vgl. Mt 6, 2. 16), und die Zuhörer tragen zu
wenig Gewinn davon.

[Kap. 22: Von der Zurechtweisung]

1 Selig der Knecht, der Zurechtweisung, Anklage und
Tadel von einem anderen genauso geduldig ertragen
2 würde, als wenn dies von ihm selber käme. Selig der
Knecht, der bei Tadel gütig nicht auf seinem Recht be-
steht, bescheiden gehorcht, demütig sich anklagt und
3 bereitwillig Genugtuung leistet. Selig der Knecht, der
nicht schnell bei der Hand ist, sich zu entschuldigen und
für ein Vergehen, an dem er keine Schuld hat, demütig
Schmach und Tadel erträgt.

[Kap. 23: Von der Demut]

1 Selig der Knecht, der unter seinen Untergebenen so
demütig erfunden wird, als wenn er sich unter seinen
2 Herren befände[15]. Selig der Knecht, der stets unter der
3 Rute der Zurechtweisung aushält. Getreu und klug ist
der Knecht (vgl. Mt 24, 45), der bei all seinen Verfehlun-
gen nicht säumt, zu büßen innerlich durch die Reue und
nach außen durch das Bekenntnis und die Genugtuung
im Werk.

[Kap. 24: Von der wahren Liebe]

Selig der Knecht, der seinen Bruder, wenn er krank ist, ebenso liebt — was jener ihm nicht entgelten kann —, wie wenn er gesund ist und er es ihm entgelten kann.

[Kap. 25: Nochmals über den gleichen Gegenstand]

Selig der Knecht, der seinen Bruder, wenn er weit von ihm entfernt ist, ebenso liebt und um ihn besorgt ist, als wenn er mit ihm zusammen wäre, und der nicht über ihn hinter seinem Rücken sagen würde, was er nicht in Liebe in seiner Gegenwart sagen könnte.

[Kap. 26: Daß die Knechte Gottes die Kleriker[16] ehren sollen]

1 Selig der Knecht, der Vertrauen hegt zu den Klerikern,
die recht nach der Vorschrift der Römischen Kirche leben.
2 Und wehe jenen, die diese verachten! Denn mögen sie

[15] Vgl. BReg 10, 5.
[16] D. h. vor allem die Seelsorgsgeistlichen.

auch Sünder sein, so darf doch niemand über sie urteilen, weil der Herr sich ganz allein vorbehält, über sie das
3 Urteil zu fällen. Denn in gleichem Maße, wie ihr Dienst höher ist, den sie mit dem heiligsten Leib und dem Blut unseres Herrn Jesus Christus haben, welchen sie empfan-
4 gen und sie ganz allein anderen darreichen, / im selben Maße ist die Sünde derjenigen größer, die sich gegen sie verfehlen, größer als bei allen anderen Menschen dieser Welt.

[Kap. 27: Von der Tugend, die das Laster verjagt]

1 Wo Liebe ist und Weisheit, da ist nicht Furcht noch Unwissenheit.
2 Wo Geduld ist und Demut, da ist nicht Zorn noch Verwirrung.
3 Wo Armut ist mit Fröhlichkeit, da ist nicht Habsucht noch Geiz.
4 Wo Ruhe ist und Betrachtung, da ist nicht Aufregung und unsteter Geist.
5 Wo die Furcht des Herrn ist, sein Haus zu bewachen (vgl. Lk 11, 21), da kann der Feind keinen Ort zum Eindringen finden.
6 Wo Erbarmen ist und Vorsicht[17], da ist nicht Übermaß noch Verhärtung.

[Kap. 28: Davon, daß man das Gute verbergen soll, damit es nicht verlorengehe]

1 Selig der Knecht, der sich das Gute, das der Herr ihm gezeigt hat, „als einen Schatz im Himmel sammelt" (Mt 6, 20) und der kein Verlangen hat, es mit dem Blick auf
2 Belohnung den Menschen zu offenbaren, / denn der Allerhöchste wird seine Werke offenbaren, wem immer
3 er will. Selig der Knecht, der die Geheimnisse des Herrn in seinem Herzen bewahrt (vgl. Lk 2, 19. 51).

[17] Das lateinische „discretio" bedeutet: Vorsicht; Gabe, zu unterscheiden und richtig zu beurteilen (*Eßer*, Die Opuscula, 463).

Fragmente einer anderen Form der nicht bullierten Regel[1] (Fragm)

Die handschriftliche Überlieferung der nicht bullierten Regel von 1221 setzt erst hundert Jahre später ein. Nun finden sich aber in bisher drei bekannt gewordenen Dokumenten Fragmente, die nicht mit dem üblichen Text der nicht bullierten Regel übereinstimmen. Es handelt sich bei diesen Texten um eine andere Redaktion der nicht bullierten Regel von 1221. Zeitlich sind diese Fragmente zwischen der Regel von 1221 und der bullierten Regel vom 29. November 1223 anzusetzen, also wohl ins Jahr 1222. Allgemein sei darauf hingewiesen, daß die Differenzen zwischen den Fragmenten und der Redaktion von 1221 in der deutschen Übersetzung nicht immer so klar hervortreten wie in den lateinichen Texten.

I. Die Fragmente der Handschrift von Worcester (Fragm I)

Auf allen Blättern dieser Handschrift haben die ersten Zeilen durch Feuchtigkeit so gelitten, daß nur einzelne Wörter bzw. Buchstaben lesbar sind. Die entsprechenden Texte sind deswegen in eckige Klammern gesetzt,

In dieser Handschrift selbst heißt es immer wieder: „und so weiter", oder „und so weiter bis", oder „weiter unten" u. ä. Dies zeigt, daß der Abschreiber seine Vorlage nur auszugsweise abgeschrieben hat[2]. In dem Fragment, das er hinterlassen hat, fallen zwei Dinge auf: 1. Er hat alle mehr juristischen Texte weggelassen; 2. die Reihenfolge der Kapitel war in seiner Vorlage eine andere, als sie von der nicht bullierten Regel von 1221 her bekannt ist.

1 [Geben wir acht, wir Brüder alle, was der Herr sagt: „Liebet eure Feinde und tut denen Gutes, die euch hassen" (vgl. Mt 5, 44 par.); denn unser Herr Jesus Christus, dessen Fußspuren wir folgen müssen (vgl. 1 Petr 2, 21), hat

[1] Der lateinische Titel lautet: „Fragmenta alterius Regulae non bullatae" (Abkürzung: Fragm). Lateinische Ausgabe: *Eßer*, Die Opuscula, 300-312; *Eßer*, Opuscula, 163-182.

[2] Die Vorlage ist bis jetzt nicht bekannt geworden.

seinen Verräter Freund genannt und sich freiwillig denen
2 überliefert, die ihn kreuzigten. Darum sind alle jene un-
sere Freunde, die uns ungerechterweise Drangsal, Angst,]
Schimpf, Unrecht und Schmerzen und Qualen, Marter
und Tod bereiten; und diese müssen wir sehr lieben, weil
wir für das, was sie uns antun, das ewige Leben erlan-
3 gen. Und unseren Leib mit den Lastern und Begierden
und Sünden wollen wir züchtigen und kreuzigen, weil er
fleischlich leben und uns die Liebe Jesu Christi und das
ewige Leben rauben und sich selbst mitsamt der Seele in
4 die Hölle bringen will. Denn durch unsere Schuld sind
wir abscheulich[3], dem Guten zuwider, zum Bösen bereit
5 und willig gewesen, weil, wie der Herr sagt, „aus dem
Herzen hervorkommen und ausgehen: böse Gedanken"
(Mk 7, 21) *und so weiter* ...

6 Nun aber, nachdem wir die Welt verlassen haben, ha-
ben wir nichts anderes zu tun, als eifrig zu sein, seinem
7 Willen zu folgen und ihm allein zu gefallen. Wir wollen
uns sorgfältig davor hüten, steiniges oder dornenbewach-
senes Erdreich zu sein, das am Weg hin gelegen ist, ge-
mäß dem, was der Herr im Evangelium sagt: „Der Same
ist das Wort Gottes (Lk 8, 11); was aber an den Weg
8 hinfiel, wurde zertreten" (Lk 8, 5) *und so weiter bis:* „sie
bringen Frucht in Beharrlichkeit" (Lk 8, 15).

9 Und deshalb, ihr Brüder alle, wie der Herr sagt: „Las-
10 sen wir die Toten ihre ..." (vgl. Mt 8, 22). Und wir wol-
len uns sehr hüten vor der Bosheit und Durchtriebenheit
Satans, der will, daß der Mensch seine Kraft und sein
11 Herz nicht bei Gott, dem Herrn, habe. Und er geht um-
her und möchte das Herz des Menschen durch den Blick
auf eine Belohnung oder auf eine Hilfe rauben und das
Wort und die Weisungen des Herrn im Gedächtnis erstik-
ken. Und er will durch weltliche Geschäfte und Sorgen
das Herz des Menschen bewohnen und blind machen, wie
12 der Herr sagt: „Wenn der unreine Geist" (Mt 12, 43) *und*
13 *so weiter bis:* „Die letzten Dinge dieses Menschen wer-
den ärger als die ersten" (Mt 12, 45).

14 Darum, ihr Brüder alle, wollen wir uns sorgsam davor

[3] Das lateinische Wort „foetidi" besagt eigentlich „stinkend". Nach alter Auffassung ist übler Geruch Zeichen des Bösen und des Todes.

hüten, daß wir nicht durch den Blick auf ein Werk oder
einen Lohn oder eine Hilfe unsere Seele und das Herz
15 verlieren oder vom Herrn abwenden. Vielmehr bitte ich
in der Liebe, die Gott ist (vgl. 1 Joh 4, 16), alle Brüder,
sowohl die Minister als auch die anderen, daß sie sich mü-
hen, alle Hindernisse zu beseitigen, alle Sorge und Be-
sorgnis hintanzustellen, und, wie immer sie können, mit
reinem Herzen und reinem Sinn Gott den Herrn zu lie-
ben, ihm zu dienen und ihn anzubeten; und dies sucht er
16 selbst über alle Maßen. Und immer wollen wir ihm
Wohnung und Bleibe bereiten (vgl. Joh 14, 23), der da ist
der Herr, der allmächtige Gott, der Vater und der Sohn
und der Heilige Geist, der gesagt hat: „Seid daher allezeit
wachsam im Gebet, damit ihr würdig befunden werdet,
allem Unheil, das kommen wird, zu entgehen und vor
dem Menschensohn zu stehen“ (Lk 21, 36); „und wenn
ihr steht zum Gebet (Mk 11, 25), dann sprecht: „Vater
17 unser“ (Mt 6, 9). Und wir wollen ihn anbeten mit rei-
nem Herzen, „denn man muß immer beten und nicht
nachlassen“ (Lk 18, 1); „denn auch der Vater sucht solche“
18 Anbeter (vgl. Joh 4, 23). „Gott ist ein Geist, und die ihn
anbeten, müssen ihn im Geist und in der Wahrheit an-
19 beten“ (Joh 4, 24). Und zu ihm wollen wir unsere Zu-
flucht nehmen so wie „zum Hirten und Bischof unserer
Seelen“ (1 Petr 2, 25), der sagt: „Ich bin der gute Hirt“
(Joh 10, 11) *und so weiter bis:* „Ich gebe mein Lebeen für
20 meine Schafe“ (Joh 10, 15). „Ihr alle seid Brüder und laßt
21 euch nicht Vater nennen auf Erden“ (Mt 23, 8-9) *und so
weiter.* „Laßt euch nicht ‚Meister‘ nennen“ (Mt 23, 10)
22 *und so weiter.* „Wenn ihr in mir bleibt und meine Worte
in euch bleiben, dann mögt ihr erbitten, was immer ihr
23 wollt, und es wird euch zuteil werden“ (Joh 15, 7). „Über-
all, wo zwei oder drei in meinem Namen versammelt sind“
24 (Mt 18, 20) *und so weiter.* „Seht, ich bin bei euch an allen
25 Tagen“ (Mt 28, 20) *und so weiter.* „Die Worte, die ich zu
euch gesprochen habe, sind Geist und Leben“ (Joh 6, 64).
26 „Ich bin der Weg, die Wahrheit und das Leben“ (Joh
14, 6).

27 Laßt uns also die Worte, die Lehre, das Leben und das
heilige Evangelium unseres Herrn Jesus Christus festhal-
ten, der sich herabgelassen hat, für uns den Vater zu bitten

und uns seinen Namen kundzutun, indem er sprach: Vater,
„ich habe deinen Namen den Menschen kundgetan" (Joh
28 17, 6) *und so weiter bis:* „Vater, ich will, daß, wo ich bin,
auch die bei mir seien, die du mir gegeben hast, damit sie
meine Herrlichkeit schauen" (vgl. Joh 17, 24) „in deinem
29 Reich" (Mt 20, 21). Ehre sei dem Vater und dem Sohn
und dem Heiligen Geist, wie es war im Anfang so auch
jetzt und immer und in der Ewigkeiten Ewigkeiten. Amen.
30 Und die Brüder sollen den Armen das Wohlwollen zei-
gen, das sie untereinander haben, wie der Apostel sagt:
„Laßt uns nicht lieben mit dem Wort und der Zunge" (1
Joh 3, 18) *und so weiter.*
31 Alle Brüder, wo immer sie auch sind, sollen sich in acht
nehmen vor unlauterem Blick und Umgang mit Frauen,
32 und keiner soll sich allein mit ihnen beraten. *Weiter unten:*
Und wir wollen uns und alle unsere Glieder sehr rein be-
bewahren, denn der Herr sagt: „Jeder, der eine Frau an-
schaut, um sie zu begehren" (Mt 5, 28) *und so weiter.*
Weiter unten:
33 Wenn die Brüder durch die Welt ziehen, sollen sie nichts
auf dem Wege mit sich führen, weder Beutel (vgl. Lk 10, 4)
„noch Tasche, noch Brot, noch Geld (vgl. Lk 9, 3), noch
Stab, noch Schuhe" (vgl. Mt 10, 10). *Weiter unten:*
34 [Sie sollen dem Bösen nicht widerstehen, sondern wenn
sie jemand auf die eine Wange schlägt, dem sollen sie auch
35 die andere hinhalten (vgl. Mt 5, 39). Und wer ihnen das
Kleid wegnimmt, dem sollen sie auch das Hemd nicht ver-
weigern (vgl. Lk 6, 29); und wer ihnen das Ihrige weg-
nimmt, von dem sollen sie es nicht zurückfordern
(vgl. Lk 6, 30).
36 Die Brüder, die] mit Erlaubnis ihres Ministers unter
die Ungläubigen hinausziehen, können in zweifacher
37 Weise geistlich wandeln. Eine Art besteht darin, daß sie
weder Zank noch Streit beginnen, sondern „um Gottes
willen jeder menschlichen Kreatur" (1 Petr 2, 13) unter-
38 tan sind und bekennen, daß sie Christen sind. Die an-
dere Art ist die, daß sie, wenn sie sehen, daß es Gott ge-
fällt, das Wort Gottes verkünden: sie sollen glauben an
Gott, den allmächtigen Vater und den Sohn und den
Heiligen Geist. *Weiter unten:*
39 Und alle Brüder, wo immer sie sein mögen, sollen be-

denken, daß sie sich dem Herrn Jesus Christus übergeben
40 und sich und ihre Leiber ihm überlassen haben. Und um
seiner Liebe willen müssen sie Verfolgung und Tod er-
tragen, sei es von seiten sichtbarer oder unsichtbarer
Feinde; *und so weiter. Weiter unten:*
41 Allen sollen die Brüder durch den Lebenswandel pre-
42 digen. Kein Minister oder Prediger soll das Aamt eines
Ministers oder das Predigtamt als sein Eigentum bean-
spruchen, sondern wo nur immer es ihm befohlen wird,
43 soll er auf sein Amt verzichten. Daher bitte ich in der
Liebe, die Gott ist (vgl. 1 Joh 4, 16), alle meine Brüder, die
predigen, beten, arbeiten, sowohl die Kleriker wie die
Laien, daß sie danach trachten, sich in allem zu verde-
44 mütigen, / sich nicht zu rühmen, nicht selbstgefällig zu
sein, und auch nicht innerlich sich zu erheben wegen guter
Worte und Werke, überhaupt über gar nichts Gutes, das
Gott bisweilen in ihnen und durch sie tut oder spricht
oder wirkt, gemäß dem Wort des Herrn: „Doch freut
euch nicht darüber, daß euch die Geister unterworfen
sind“ (Lk 10, 20) *und so weiter.*
45 Und wir sollen fest überzeugt sein, daß nur Laster und
46 Sünden zu uns gehören. Wir müssen uns aber mehr
freuen, „wenn wir in mancherlei Versuchungen geraten“
(vgl. Jak 1, 2) und wenn wir in dieser Welt um des ewi-
gen Lebens willen vielerlei Ängste und Trübsale ertragen
haben.
47 Darum wollen wir Brüder uns alle hüten vor Stolz
und eitler Ruhmsucht. Wir wollen uns sehr in acht neh-
men vor der Weisheit dieser Welt und „der Klugheit des
48 Fleisches“ (Röm 8, 6). Denn der Geist des Fleisches drängt
und strebt sehr danach, Worte zu machen, wenig aber
49 zum Wirken. Und er sucht nicht Frömmigkeit und Hei-
ligkeit des Geistes, sondern will und ersehnt eine Fröm-
migkeit und Heiligkeit, die nach außen hin vor den
50 Menschen in Erscheinung tritt. Und das sind jene, von
denen der Herr sagt: „Wahrlich, ich sage euch, sie haben
51 ihren Lohn empfangen“ (Mt 6, 2). Der Geist des Herrn
aber will Abtötung, und daß das Fleisch verachtet, niedrig
52 und verächtlich und schändlich sei. Und er strebt nach
Demut und Geduld, nach der reinen Einfalt und dem
53 wahren Frieden des Geistes. Und über alles ersehnt er

die Furcht Gottes und die Weisheit Gottes und die Liebe
Gottes des Vaters und des Sohnes und des Heiligen
Geistes.
54 Und alles Gute wollen wir dem Herrn, dem erhaben-
sten und höchsten Gott, zurückerstatten und alles Gute
55 als sein Eigentum anerkennen. Und er soll empfangen
alle Ehren und Ehrerweisungen, alle Lobpreisungen und
Benedeiungen, allen Dank und alle Herrlichkeit, er, dem
jegliches Gut gehört, der allein gut ist (vgl. Lk 18, 19).
56 Und wenn wir hören, daß Menschen Böses reden oder
den Herrn lästern, dann wollen wir Gutes tun und den
Herrn preisen und loben, „der gepriesen ist in Ewigkeit"
(Röm 1, 25).
57 Alle Kleriker und Ordensleute sollen wir als unsere
Herren betrachten in den Dingen, die das Heil der Seele
angehen und nicht von meinem Orden abweichen. Und
ihrer Weihe und ihrem Dienst und Amt wollen wir im
Herrn Ehrfurcht erweisen. *Weiter unten:*
58 Diese oder eine ähnliche Mahn- oder Lobrede können
alle Brüder, so wie Gott es ihnen eingibt, bei allen Leu-
ten halten mit dem Segen Gottes und der Erlaubnis ihres
59 Ministers: Fürchtet und ehret, lobet und benedeiet,
„saget Dank" (1 Thess 5, 18) und betet an den Herrn
unseren Gott, den Allmächtigen in der Dreifaltigkeit und
Einheit, den Vater und den Sohn und den Heiligen Geist,
60 den Schöpfer aller Wesen. Tut Buße (vgl. Mt 3, 2) und
bringt würdige Früchte der Buße (vgl. Lk 3, 8), denn wis-
61 set, daß wir bald sterben werden. „Gebt, und es wird
62 euch gegeben werden" (Lk 6, 38). „Vergebt, und es wird
63 euch vergeben werden" (vgl. Lk 6, 37). Und „wenn ihr
nicht vergebt" (Mt 6, 15), wird der Herr „euch eure Sün-
den nicht vergeben" (Mk 11, 25). Bekennt alle eure Sün-
64 den (vgl. Jak 5, 16). / Selig, die in Buße sterben, denn sie
65 werden im Himmelreich sein. Wehe jenen, die nicht in
Buße sterben, denn sie werden „Kinder des Teufels" (1
Joh 3, 10) sein, dessen Werke sie tun (vgl. Joh 8, 41), und
sie werden „in das ewige Feuer" kommen (Mt 18, 8; 25,
66 41). Nehmt euch in acht und hütet euch vor allem Bösen
und harret aus im Guten bis ans Ende.
67 Hüten sollen sich alle Brüder, wo auch immer sie sein
mögen, in Einsiedeleien oder an anderen Orten, sich einen

Ort oder eine Sache anzueignen oder einem anderen
68 streitig zu machen. Und mag zu ihnen kommen, wer da
will, Freund oder Feind, sie sollen mit ihnen in keiner
69 Weise streiten. Und wo immer die Brüder auch sind oder
an welchem [Orte sie sich treffen, müssen sie sich geistlich
und aufmerksam wiedersehen und „einander ohne Mur-
70 ren“ (1 Petr 4, 9) ehren. Und sie mögen sich hüten, sich
traurig zu zeigen, nach außen düster und wie Heuchler;
sie sollen sich vielmehr als solche zeigen, „die sich im
Herrn freuen“ (vgl. Phil 4, 4) und heiter und fröhlich]
und liebenswürdig sind, wie es sich geziemt.

71 Ich bitte jeden kranken Bruder, er möge dem Schöpfer für alles Dank sagen und so zu sein verlangen, wie Gott ihn will, sei es gesund, sei es krank. Denn alle, die der Herr „zum ewigen Leben“ vorherbestimmt hat (vgl. Apg 13, 48), die unterweist er durch die Stacheln von Schlägen und Krankheiten und durch den Geist der Zerknirschung, wie es heißt: „Die ich liebe“ (Offb 3, 19) *und so weiter.*

72 Deshalb bitte ich alle meine kranken Brüder, sie möchten doch in ihren Krankheiten nicht zornig und nicht aufgebracht werden gegen Gott oder gegen die Brüder und nicht sehr ungestüm Arzneien verlangen und nicht zu sehr begehren, das Fleisch zu befreien, das bald sterben wird und ein dem Tod verfallener Feind der Seele ist.

73 Alle Brüder sollen bestrebt sein, der Demut und Armut
unseres Herrn Jesus Christus nachzufolgen. Und sie sol-
len daran denken, daß wir, wie der Apostel sagt, von der
ganzen Welt nichts anderes nötig haben als [Nahrung][4]
und Kleidung, „mit der wir uns bekleiden; damit wollen
74 wir zufrieden sein“ (1 Tim 6, 8). Und sie müssen sich
freuen, wenn sie mit gewöhnlichen und verachteten Leu-
ten verkehren, mit Armen und Schwachen und Kranken
75 und Aussätzigen und Bettlern am Wege. Und wenn es
76 notwendig würde, mögen sie um Almosen gehen. Und sie
dürfen sich nicht schämen, weil unser Herr Jesus „Chri-
stus, der Sohn des lebendigen Gottes“ (Joh 11, 27), des
Allmächtigen, „sein Antlitz wie den härtesten Felsen ge-
77 macht hat“ (Jes 50, 7) und sich nicht geschämt hat. Und

[4] „Nahrung“ ist in der Handschrift ausgelassen.

er war arm und ein Fremdling und hat von Almosen
gelebt, er selbst und die selige Jungfrau, seine heilige
78 Mutter Maria, und seine Jünger. Und wenn ihnen die
Menschen Schmach angetan haben würden und ihnen
nichts hätten geben wollen, dann sollen sie dem Herrn
dafür danken, weil sie für die Schmach große Ehre er-
halten werden vor dem Richterstuhl unseres Herrn Jesus
Christus.

79 Und sie sollen wissen, daß die Schmach nicht denen
angerechnet werden wird, die sie ertragen, sondern de-
80 nen, die sie zufügen; daß das Almosen das Erbe und der
gerechte Anteil ist, der den Armen zusteht, den unser
81 Herr Jesus Christus erworben hat. Und die Brüder, die
sich abmühen, es zu sammeln, werden großen Lohn er-
halten und werden die Spender gewinnen und erwerben
lassen. Denn alles, was die Menschen in der Welt zurück-
lassen, wird vergehen, aber für die Liebe und die
Almosen, die sie gegeben haben, werden sie das ewige
Leben erhalten.

II. Die Fragmente aus der Regelerklärung des Hugo von Digne (Fragm II)

Ein weiterer wichtiger Zeuge, daß eine andere Redaktion der nicht bullierten Regel existierte, sind die Zitate aus der Regelerklärung des Hugo von Digne. Er hat, im Gegensatz zum Text von Worcester, auch juristische Anweisungen übernommen. Die Fundstellen in der nicht bullierten Regel sind im folgenden Text jeweils am Schluß jeden Verses bzw. Abschnittes in Klammern angegeben.

1 *Deshalb sagte der Heilige darüber in der noch nicht bullierten Regel:* Hüten mögen sich die Brüder und die Minister der Brüder, daß sie sich in keiner Weise in seine Angelegenheiten einmischen (vgl. NbReg 2, 5).

2 *Bevor die Regel bulliert wurde, fügte der Heilige hinzu:* Und mag man sie auch Heuchler nennen, so sollen sie nicht aufhören, gut zu handeln (vgl. NbReg 2, 15).

3 *Daher hieß es in der Regel vor der Bulle so:* Zu anderen Zeiten aber sollen sie diesem Leben gemäß nur am Freitag zum Fasten verpflichtet sein (vgl. NbReg 3, 12).

4 *... wie der Heilige früher in der Regel sagte:* Die Minister sollen eingedenk sein — sagte er —, daß ihnen die Sorge für die Seelen der Brüder anvertraut ist. Und sollte einer von diesen durch ihre Schuld oder ihr schlechtes Beispiel verlorengehen, so werden sie vor dem Herrn Jesus Christus Rechenschaft ablegen müssen (vgl. NbReg 4, 6).

5 *So sagte der Heilige in der ursprünglichen Regel:* Hüten sollen sich die Brüder, sowohl die Minister als auch die anderen, wegen der Sünde oder des schlechten Beispiels eines anderen in Aufregung oder Zorn zu geraten. Denn der Teufel will durch die Sünde eines einzelnen viele verderben. Vielmehr sollen sie, so wie sie können, dem, der gesündigt hat, geistlichen Beistand leisten; denn nicht die Gesunden bedürfen des Arztes, sondern die Kranken (vgl. Mk 2, 17 par. — vgl. NbReg 5, 7-8).

6 *... gemäß jenem Wort des Herrn, das auch der selige Franziskus den Brüdern sagte:* Die Fürsten der Völker herrschen über diese, und die die Größeren sind, üben Macht unter ihnen aus; so soll es unter euch nicht sein (Mt 20, 25-26. — Vgl. NbReg 5, 10).

7 *... so ermahnte der Heilige sie in der Regel vor der Bulle:* Durch die Liebe des Geistes sollen sie einander freiwillig dienen und gehorchen (vgl. Gal 5, 13). Das ist — so sagte er — der wahre und sichere Gehorsam unseres Herrn Jesus Christus (vgl. NbReg 5, 14b-15).

8 *Daher sagte er früher in der Regel:* Die Brüder — an welchen Orten auch immer sie sind —, die unser Leben nicht geistlich beobachten können, sollen das ihrem Minister darlegen. Der Minister aber soll sich bemühen, in solcher Weise vorzusorgen, wie er selbst wünschen würde, daß es ihm geschieht (vgl. NbReg 6, 1-2).

9 *... oder, wie gesagt ist, gemäß der ersten Regel:* An welchen Orten auch immer die Brüder sind (vgl. NbReg 6, 1).

10 *Deshalb stand in der Regel früher so:* Keiner der Brüder, an welchen Orten auch immer sie sich bei anderen aufhalten, soll Kämmerer oder Kanzler sein und keine hohen Posten bei denen innehaben, denen sie dienen. Auch sollen sie kein Amt übernehmen, das Ärgernis hervorrufen oder ihrer Seele Schaden zufügen würde (vgl. Mk 8, 36). Sie sollen vielmehr die Minderen und allen

untergeben sein, die in den gleichen Häusern sind (vgl. NbReg 7, 1-2).

11 *Deshalb wurde früher in der Regel gesagt:* Die Brüder, die arbeiten können, sollen arbeiten und das Handwerk ausüben, das sie verstehen, wenn es nicht gegen das Heil der Seele ist (vgl. NbReg 7, 3).

12 *Und etwas später:* Jeder soll bei dem Handwerk und Dienst bleiben, zu dem er berufen wurde (vgl. 1 Kor 7, 24), entsprechend der Anordnung des Ministers (vgl. NbReg 7, 6).

13 *Deshalb ordnete er in der Regel vor der Bulle so an:* Die Knechte Gottes müssen immer dem Gebet oder einer guten Tätigkeit obliegen (vgl. NbReg 7, 12).

14 *Und vor der Bulle standen in der Regel diese Worte:* Hüten sollen sich die Brüder, daß sie einen Ort oder irgendeine Sache sich aneignen und einem anderen streitig machen (vgl. NbReg 7, 13).

15 *So sprach der Heilige früher in der Regel ... Und wiederum:* Wo immer die Brüder auch sind und an welchem Ort sie sich auch treffen, müssen sie sich geistlich und aufmerksam wiedersehen und einander ohne Murren (1 Petr 4, 9) ehren. Und hüten sollen sich die Brüder, sich nach außen hin traurig und wie düstere Heuchler zu zeigen; sie sollen sich vielmehr als solche zeigen, die sich im Herrn freuen und heiter und fröhlich und liebenswürdig sind, wie es sich geziemt (vgl. NbReg 7, 15-16).

16 *Über gefundenes Geld sprach der Heilige so:* Wenn wir Geld gefunden haben, wollen wir uns darum nicht anders kümmern als um den Staub, den wir mit Füßen treten (vgl. NbReg 8, 6).

17 Er [Franziskus] hielt daran fest, daß die Brüder für die Aussätzigen in großer Not Almosen sammelten, dies aber so, daß sie sich sehr vor dem Geld hüteten. Und wenn er auch heilige Orte, wo die Brüder zu Gast waren oder sich aufhielten, noch so sehr liebte, so duldete er es doch nicht, daß sie für einen [solchen] Ort Geld sammelten oder sammeln ließen oder mit Leuten gingen, die Geld sammelten (vgl. NbReg 8, 10-11. 8).

18 *Und der Wortlaut der ersten Regel hatte es so:* Wenn es notwendig würde, mögen die Brüder um Almosen gehen (vgl. NbReg 9, 3).

19 *Dies ordnete er in der ursprünglichen Regel ausführlicher so an:* Wenn es notwendig wäre, mögen die Brüder um Almosen gehen. Und sie dürfen sich nicht schämen, sondern sollen mehr daran denken, daß unser Herr Jesus Christus, der Sohn des lebendigen Gottes (vgl. Joh 11, 27), des Allmächtigen, „sein Antlitz wie den härtesten Felsen gemacht“ (Jes 50, 7) und sich nicht geschämt hat. Und er war arm und ein Fremdling und hat von Almosen gelebt, er selbst und seine Jünger. Und wenn ihnen die Menschen Schmach antun würden und ihnen nichts geben wollten, dann sollen sie Gott dafür danken; denn für die Schmach werden sie große Ehre vor dem Richterstuhl unseres Herrn Jesus Christus erhalten. Und sie sollen wissen, daß die Schmach nicht denen angerechnet wird, die sie ertragen, sondern denen, die sie zufügen; daß das Almosen das Erbe und der gerechte Anteil ist, der den Armen zusteht, den unser Herr Jesus Christus erworben hat. Und die Brüder, die sich abmühen, es zu sammeln, werden großen Lohn erhalten und lassen die Spender gewinnen und erwerben. Denn alles, was die Menschen in der Welt zurücklassen, wird vergehen, aber für die Liebe und die Almosen, die sie gegeben haben, werden sie Lohn vom Herrn erhalten (vgl. NbReg 9, 3-9).

20 *So sagte der Heilige früher in der Regel:* Einer soll dem anderen zuversichtlich seine Not offenbaren, damit er ihm das Notwendige ausfindig mache und verschaffe (vgl. NbReg 9, 10).

21 *... vor der Bulle mahnte der Heilige in der Regel so:* Ich bitte den kranken Bruder, er möge für alles dem Schöpfer Dank sagen und so zu sein verlangen, wie der Herr ihn will, gesund oder krank (vgl. NbReg 10, 3).

22 *Und etwas später:* Ich bitte alle meine Brüder, sie möchten doch in Krankheiten nicht zornig oder aufgebracht werden gegen Gott oder gegen die Brüder und nicht sehr ungestüm Arznei fordern und nicht zu sehr begehren, das Fleisch zu befreien, das bald sterben wird und ein Feind der Seele ist (vgl. NbReg 10, 4).

23 Einem Bruder „Taugenichts“ oder „Narr“ als Schimpfwort zu sagen, hielt er für einen Frevel, da auch die Regel früher gerade diese Worte des Evangeliums anführte (vgl. Mt 5, 22. — Vgl. NbReg 11, 4).

24 Weiter lehrt das Evangelium, nicht zu streiten, nicht zurückzuverlangen, dem Bösen nicht zu widerstehen; und dies alles brachte die Regel vor der Bulle besonders zum Ausdruck. Jetzt aber drückt sie alles mit knappen und allgemeinen Worten aus (vgl. NbReg 11, 1; 14, 4-7).

25 *Eine zweifache Art aber, unter den Ungläubigen zu wandeln, ordnete der Heilige in der ersten Regel an, indem er sagte:* Die Brüder können unter ihnen in zweifacher Weise geistlich wandeln. Eine Art besteht darin, daß sie weder Zank noch Streit beginnen, sondern um Gottes willen jeder Kreatur untertan sind (1 Petr 2, 13) und bekennen, daß sie Christen sind. Die andere Art ist die, daß sie, wenn sie sehen, daß es Gott gefällt, das Wort Gottes verkünden: sie sollen glauben an Gott, den allmächtigen Vater und an seinen Sohn und an den Heiligen Geist, den Schöpfer aller Dinge, den Erlöser und Retter aller Gläubigen; und sie sollen sich taufen lassen und Christen werden, weil nur gerettet werden können, die sich taufen lassen, und sie sollen in Wahrheit und im Geist Christen sein. Denn „wenn jemand nicht wiedergeboren wird aus dem Wasser und dem Heiligen Geist, kann er nicht in das Reich Gottes eingehen“ (vgl. Joh 3, 5. — Vgl. NbReg 16, 5-7).

26 *Und nach einigen Einschüben fügte er hinzu:* Die Brüder sollen bedenken, daß sie um Gottes willen sich selbst dem Herrn Jesus Christus übergeben und ihm ihre Leiber überlassen haben. Und um seiner Liebe willen müssen sie Trübsal, Verfolgung und Tod erdulden, denn der Herr sagt: „Wer sein Leben um meinetwillen verliert, wird es retten“ (vgl. Lk 9, 24). „Euch, meinen Freunden, sage ich aber: Fürchtet euch nicht vor denen, die den Leib töten“ (Lk 12, 4). „Wenn sie euch in einer Stadt verfolgen, flieht in eine andere“ (vgl. Mt 10, 23. — Vgl. NbReg 16, 10-11. 17. 14).

27 *... wie der Heilige früher in der Regel mahnte, indem er sagte:* Alle Brüder sollen durch die Werke predigen (vgl. NbReg 17, 3).

28 *In ganz besonderer Weise wollte der Heilige, daß man kirchlichen Personen willfährig sei:* Alle Kleriker und Ordensleute wollen wir als Herren betrachten in den Dingen, die nicht von unserem Orden abweichen. Und ihrer

Weihe und ihrem Dienst wollen wir im Herrn Ehrfurcht erweisen (vgl. NbReg 19, 3).

29 ... zu seiner Auferbauung und Aufhellung durch den Ursprung des größeren Zusammenhangs rufe ich in Erinnerung, daß er gebetet hat, es möchten vom Herrn alle Brüder gesegnet sein, welche den Wortlaut und den Geist dessen, was in dieser Regel geschrieben war, lehrten, lernten, sich vor Augen hielten (vgl. NbReg 24, 1-3).

III. Fragmente, die sich in der zweiten Lebensbeschreibung des heiligen Franziskus von Thomas von Celano finden (Fragm III)

In seiner ersten Lebensbeschreibung nimmt Thomas von Celano zweimal auf die nicht bullierte Regel Bezug, einmal direkt und einmal indirekt[5]*. Doch ist aus beiden Zitaten nichts für die Frage einer anderen Regelredaktion zu ermitteln. In der zweiten Lebensbeschreibung jedoch finden sich vier Zitate, die nicht mit der Redaktion von 1221 zusammenhängen, wenngleich Celano die Texte stilisiert hat.*

1 [Die Minister] sollen gehalten sein, am Tage des Gerichtes vor dir, o Herr, Rechenschaft abzulegen, wenn irgendein Bruder durch ihre Nachlässigkeit oder ihr Beispiel oder auch durch ihre harte Zurechtweisung verlorengeht (2 Celano 143. — Vgl. NbReg 4, 6).

2 ... *zur allgemeinen Mahnung ließ er auf einem Kapitel diese Worte schreiben:* Die Brüder mögen sich hüten, sich nach außen hin düster und wie traurige Heuchler zu zeigen; sie sollen sich vielmehr als solche zeigen, die sich im Herrn freuen, und heiter und fröhlich und liebenswürdig sind, wie es sich geziemt (2 Celano 128, — Vgl. NbReg 7, 16).

3 ... er schärft den Verwegenen *das Wort der Regel* ein, aus dem ganz klar hervorgeht, daß man eine gefundene Geldmünze wie Staub mit Füßen treten müsse (2 Celano 66. — Vgl. NbReg 8, 6).

4 *Darum ließ er in einer Regel folgende Worte schreiben:* Ich bitte alle meine kranken Brüder, daß sie in ihren

[5] 1 Celano 38 und 84.

Krankheiten nicht zornig oder verwirrt werden gegen Gott oder gegen die Brüder. Nicht sehr ungestüm sollen sie Arzneien fordern, noch allzu sehr begehren, das Fleisch zu befreien, das bald sterben wird und ein Feind der Seele ist. Für alles sollen sie Dank sagen, und sie sollen verlangen, so zu werden, wie Gott sie haben will; denn die Gott zum ewigen Leben vorherbestimmt hat (vgl. Apg 13, 48), die unterweist er durch die Stacheln von Schlägen und Krankheiten, wie er selbst gesagt hat. Die ich liebe, die weise ich zurecht und züchtige sie (Offb 3, 19. — 2 Celano 176. — Vgl. NbReg 10, 3-4).

Gebet vor dem Kreuzbild von San Damiano[1] (GebKr)

Franziskus hat dieses Gebet gesprochen, als ihm vom Kreuzbild in San Damiano der Auftrag gegeben wurde: „Franziskus, geh hin und stelle mein Haus wieder her, das, wie du siehst, ganz verfallen ist"[2]. Dieses Ereignis hat nach allem im Januar 1206 stattgefunden. Damals muß das Gebet schon formuliert gewesen sein und kann durchaus in der vorhergehenden Zeit des Meditierens Gestalt gewonnen haben.

Höchster, glorreicher Gott, erleuchte die Finsternis meines Herzens und schenke mir rechten Glauben, gefestigte Hoffnung und vollendete Liebe. Gib mir Herr, das [rechte] Empfinden und Erkennen, damit ich deinen heiligen und wahrhaften Auftrag erfülle. [Amen.]

---

[1] Der lateinische Titel lautet: „Oratio ante Crucifixum dicta" (Abkürzung: OrCruc). Lateinische Ausgabe: *Eßer*, Die Opuscula, 354-362; *Eßer*, Opuscula, 223-224.

[2] 2 *Celano* 10; *Bonaventura*, Großes Franziskusleben, II, 1.

Gruß an die selige Jungfrau Maria[1] (GrMar)

Zusammen mit der Antiphon „Heilige Jungfrau Maria" im „Offizium vom Leiden des Herrn" ist dieses Marienlob eines der wichtigsten Zeugnisse für die Marienfrömmigkeit des hl. Franziskus. Es bringt in poetischer Form die tiefsten Aussagen über die Gottesmutterschaft Mariens klar und leicht verstehbar zum Ausdruck.

1 Sei gegrüßt, Herrin, heilige Königin, heilige Gottes-
mutter Maria, die du zur Jungfrau Kirche gemacht wor-
den bist und erwählt wurdest vom heiligsten Vater im
2 Himmel, die er geweiht hat mit seinem heiligsten gelieb-
3 ten Sohn und dem Heiligen Geiste, dem Tröster; in ihr
war und ist alle Fülle der Gnade und jegliches Gute.
4 Sei gegrüßt, du sein Palast.
Sei gegrüßt, du sein Gezelt.
Sei gegrüßt, du seine Wohnung.
5 Sei gegrüßt, du sein Gewand.
Sei gegrüßt, du seine Magd.
Sei gegrüßt, du seine Mutter.
6 Und [seid gegrüßt,] ihr heiligen Tugenden alle, die durch
die Gnade und die Erleuchtung des Heiligen Geistes in
die Herzen der Gläubigen eingegossen werden, um sie aus
Ungläubigen zu Gott getreuen[2] Menschen zu machen.

---

[1] Der lateinische Titel lautet: „Salutatio beatae Mariae Virginis" (Abkürzung: SalBMV). Lateinische Ausgabe: *Eßer,* Die Opuscula, 413-420; *Eßer,* Opuscula, 299-300.

[2] Hier dürfte das lateinische „fidelis" mit treu, getreu zu übersetzen sein.

Gruß an die Tugenden[1] (GrTug)

Franziskus nennt in diesem Loblied die Tugenden „Herrinnen". In dichterischer Lebendigkeit stellt er sie als Personen vor, so wie sie die gotische Kunst in ihren Domen in Stein darstellte. Er liebt sie darum wie lebendige Personen und begegnet ihnen mit aller Ehrfurcht.

1 Sei gegrüßt, Königin Weisheit, der Herr erhalte[2] dich mit
deiner Schwester, der heiligen reinen Einfalt.
2 Herrin, heilige Armut, der Herr erhalte dich mit deiner
Schwester, der heiligen Demut.
3 Herrin, heilige Liebe, der Herr erhalte dich mit deiner
Schwester, dem heiligen Gehorsam.
4 Ihr hochheiligen Tugenden, euch alle erhalte der Herr,
von dem ihr ausgeht und herkommt.
5 Keinen einzigen Menschen gibt es auf der ganzen Welt,
der eine von euch haben könnte, wenn er nicht vorher
6 stirbt[3]. Wer eine hat und die anderen nicht verletzt, der
7 hat alle. Und wer eine verletzt, der hat keine und ver-
letzt alle (vgl. Jak 2, 10).
8 Und jede einzelne macht Laster und Sünden zuschanden.
9 Die heilige Weisheit macht den Satan und all seine Bos-
heiten zuschanden.
10 Die reine heilige Einfalt macht alle Weisheit dieser Welt
(vgl. 1 Kor 2, 6) und die Weisheit des Leibes zuschan-
den.
11 Die heilige Armut macht die Begehrlichkeit und den Geiz
und die Sorgen dieser Weltzeit zuschanden.
12 Die heilige Demut macht den Stolz und alle Menschen,
die in der Welt sind, und ebenso alles, was in der Welt
ist, zuschanden.
13 Die heilige Liebe macht alle teuflischen und fleischlichen
Versuchungen und alle fleischlichen Ängste (vgl. 1 Joh
4, 18) zuschanden.

---

[1] Der lateinische Titel lautet: „Salutatio virtutum" (Abkürzung: SalVirt). Lateinische Ausgabe: *Eßer*, Die Opuscula, 421-430; *Eßer*, Opuscula, 301-304.

[2] Das „salvet" des Urtextes kann sowohl „erhalten" besagen wie auch „schützen".

[3] Dem Sinn nach ist hier gemeint: „wenn er nicht vorher sich selbst abstirbt". So wird es auch von einer Handschrift ergänzt.

14 Der heilige Gehorsam macht alles leibliche und fleischliche
15 Verlangen zuschanden / und hält seinen Leib abgetötet,
damit er dem Geiste gehorche und seinem Bruder ge-
16 horche; und er [der Mensch] ist untergeben und unter-
17 tan allen Menschen, die in der Welt sind, / und nicht
nur allein den Menschen, sondern auch allen wilden und
18 ungezähmten Tieren, damit sie mit ihm tun können, was
nur immer sie wollen, soweit es ihnen von oben herab,
vom Herrn, gegeben ist (vgl. Joh 19, 11).

Lebensform für die heilige Klara[1] (LebKlara)

Die „Lebensform für die heilige Klara" und ihre Schwestern ist erhalten geblieben, weil Klara sie in ihre 1253 bestätigte Regel aufgenommen hat. Es ist nicht sicher, ob Klara den ganzen Text der „Lebensform" überliefert hat. Diese Lebensform ist keine eigentliche Regel, sondern ein geistliches Dokument.

1 Da ihr euch auf göttliche Eingebung hin zu Töchtern
und Mägden des erhabensten, höchsten Königs, des himmlischen Vaters, gemacht und euch dem Heiligen Geiste
verlobt habt, indem ihr das Leben nach der Vollkom-
2 menheit des heiligen Evangeliums[2] erwähltet, / so will
ich, und ich verspreche dies für mich und meine Brüder, für euch genauso wie für diese immer liebevolle Sorge und besondere Aufmerksamkeit hegen.

---

[1] Der lateinische Titel lautet: „Forma vivendi s. Clarae data" (Abkürzung: FormVit). Lateinische Ausgabe: *Eßer*, Die Opuscula, 296-299; *Eßer*, Opuscula, 162.

[2] „Leben nach der Vollkommenheit des heiligen Evangeliums" ist ein typischer Ausdruck der damaligen religiösen Bewegung und meint den ganzen Komplex des Lebens nach dem Evangelium.

Mahnlied für die Schwestern der heiligen Klara[1] (MahnKlara)

Das Mahnlied dürfte unmittelbar nach dem Sonnengesang entstanden sein, also Ende 1225 / Anfang 1226. Es hat vier „Strophen“ (Verse 1-2, 3-4, 5, 6), die reimartig durch Gleichklang der italienischen Tonvokale verbunden sind. In knappen, aber sehr tiefen Aussagen werden die Fragen angesprochen, die für eine beschauliche, in Armut lebende Schwesterngemeinschaft wichtig sind.

1 Höret, ihr Armen, vom Herrn Gerufenen,
die ihr aus vielen Gegenden und Provinzen zusammengeführt worden seid:
2 Lebt immer in der Wahrheit,
damit ihr im Gehorsam sterbt.
3 Schaut nicht auf das Leben draußen;
das Leben des Geistes ist besser als jenes.
4 Ich bitte euch in großer Liebe,
ihr möget sorgsam mit den Almosen umgehen, die der Herr euch gibt.
5 Jene, die von Krankheit beschwert sind,
und die anderen, die für sie müde geworden sind, ihr alle, ertragt es in Frieden,
damit euch diese Mühsal um vieles wertvoller werde.
6 Denn jede wird Königin sein im Himmel,
gekrönt mit der Jungfrau Maria.

---

[1] Italienische Ausgabe: *G. Boccali OFM,* Canto di esortazione di san Francisco per le „Poverelle“ di San Damiano. In: Collectanea Franciscana 48 (1978) 5-29.

Offizium vom Leiden des Herrn[1] (Off)

Franziskus hat dieses Votiv-Offizium komponiert, indem er Worte der Heiligen Schrift, besonders Psalmworte, in sehr freier Weise verwendete. Es handelt sich um jene Art der Votiv-Offizien, wie sie im Mittelalter vielfach mit den kanonischen Tagzeiten verbunden wurden. Dieses Offizium besingt nicht nur das Leiden des Herrn, wie vom Titel her vermutet werden könnte, sondern umgreift das ganze Heilswerk Christi.

[Einführung]

Es beginnen die Psalmen, die unser hochseliger Vater Franziskus zur Verehrung und zum Gedächtnis und zum Preise des Leidens des Herrn zusammengestellt hat. Sie sind in eins zu je allen Horen des Tages und der Nacht zu beten. Und sie beginnen mit der Komplet zum Karfreitag[2]*, weil unser Herr Jesus Christus in jener Nacht verraten und gefangengenommen worden ist. Und beachte, daß der selige Franziskus dieses Offizium also betete: Zuerst sprach er das Gebet, das uns der Herr und Meister gelehrt hat: „Heiligster Vater unser usw." mit dem Preisgebet, nämlich: „Heilig, heilig, heilig"*[3]*, wie es oben enthalten ist. Nach Beendigung des Preisgebetes mit der Oration begann er folgende Antiphon, nämlich „Heilige Maria". Zuerst betete er die Psalmen von der heiligen Maria; danach betete er noch andere Psalmen, die er ausgewählt hatte; und am Ende aller Psalmen, die er betete, betete er die Leidenspsalmen. Nach Beendigung des Psalmes betete er folgende Antiphon, nämlich: „Heilige Jungfrau Maria." Mit Beendigung der Antiphon war das Offizium abgeschlossen.*

---

[1] Der lateinische Titel lautet: „Officium Passionis Domini" (Abkürzung: OffPass). Lateinische Ausgabe: *Eßer,* Die Opuscula, 322-353; *Eßer,* Opuscula, 188-222.

[2] Gemeint ist die Komplet, die am Gründonnerstag abends gebetet wird. Man rechnete den kommenden Tag bereits von der I. Vesper des Vortages an, wie das liturgisch auch heute noch an Hochfesten und Sonntagen der Fall ist.

[3] Das „Preisgebet zu allen Horen"; das Gebet „Heiligster Vater unser" ist das Gebet des Herrn, das „Vater unser".

[1. Teil: Für das heilige Triduum der Karwoche und für die Wochentage im Jahreskreis]

Zur Komplet

Antiphon Heilige Jungfrau Maria

Psalm I

1 Gott, mein Leben habe ich dir kundgetan; * und meine Tränen hast du kommen lassen vor dein Angesicht (Ps 55, 8b-9).

2 Alle meine Feinde sannen Unheil gegen mich (Ps 40, 8a), * und sie haben gemeinsam Rat gehalten (vgl. Ps 70, 10c).

3 Und sie haben mir Böses angetan für euch * und meine Liebe mit Haß vergolten (Ps 108, 5).

4 Statt mich zu lieben, zogen sie über mich her; * ich aber betete (Ps 108, 4).

5 Mein heiliger Vater (Joh 17, 11), König des Himmels und der Erde, weiche doch nicht von mir, * denn nah ist die Trübsal, und keiner ist da, der mir hilft (Ps 21, 12).

6 Zurückweichen werden meine Feinde * an jenem Tage, da ich dich anrufe; sieh: erkannt hab ich, daß du mein Gott bist (Ps 55,10).

7 Meine Freunde und meine Nächsten haben sich mir feindlich genaht und standen gegen mich, * meine Nächsten hielten sich fern von mir (Ps 37, 12).

8 Weit hast du meine Bekannten von mir entfernt, * sie machten mich zu einem Abscheu für sich; preisgegeben bin ich und finde keinen Ausweg (Ps 87, 9).

9 Heiliger Vater (Joh 17, 11), laß deine Hilfe nicht fern sein von mir (Ps 21, 20), * mein Gott, schau her zu meiner Hilfe (vgl. Ps 70, 12).

10 Achte auf meine Hilfe, * Herr, Gott meines Heiles (Ps 37, 23).

Ehre sei dem Vater und dem Sohn und dem Heiligen Geist: Wie es war im Anfang so auch jetzt und allezeit und in der Ewigkeiten Ewigkeiten. Amen.

1 *Antiphon:* Heilige Jungfrau Maria, unter den Frauen
2 in der Welt ist keine dir ähnlich geboren, Tochter und Magd des erhabensten, höchsten Königs, des himmlischen Vaters, Mutter unseres heiligsten Herrn Jesus Christus,

3 Braut des Heiligen Geistes: bitte für uns mit dem heiligen Erzengel Michael und allen Mächten der Himmel und allen Heiligen bei deinem heiligsten, geliebten Sohn, dem Herrn und Meister, — Ehre sei dem Vater ... Wie es war im Anfang ...

Beachte, daß diese obengenannte Antiphon zu allen Horen gesprochen wird. Sie wird gesprochen als Antiphon, Kapitel, Hymnus, Versikel und Oration, und zwar in der gleichen Weise zur Matutin und zu allen Horen. Sonst betete er nichts anderes zu diesen Horen als diese Antiphon mit ihren Psalmen. Zum Abschluß des Offiziums betete der selige Franziskus immer:

Gebet: Laßt uns preisen den Herrn, den lebendigen und wahren Gott: laßt uns ihm stets Lob, Herrlichkeit, Ehre, Preis und alles Gute darbringen. Amen. Amen. Es geschehe. Es geschehe.

Zur Matutin

Antiphon: Heilige Jungfrau Maria (S. 79)

Psalm II

1 Herr, du Gott meines Heiles, * vor dir habe ich Tag und Nacht gerufen (Ps 87, 2).

2 Mein Gebet gelange vor dein Antlitz, * neige dein Ohr zu meinem Flehen (Ps 87, 3).

3 Hab acht auf meine Seele und befreie sie, * um meiner Feinde willen rette mich (Ps 68, 19).

4 Denn du bist es, der mich losgerissen hat vom Mutterschoße, du meine Hoffnung von meiner Mutter Brust an, * dir ward ich zugewiesen vom Mutterschoße an (Ps 21, 10).

5 Von meiner Mutter Schoß an bist du mein Gott, * geh nicht weg von mir (Ps 21, 11).

6 Du weißt um meine Beschimpfung und meine Schande * und um meine Beschämung (Ps 68, 20).

7 Vor deinem Angesicht sind alle, die mich bedrängen; * auf Schmach und Elend ist mein Herz gefaßt (Ps 68, 21a-b).

8 Und ich wartete auf einen, der Mitleid hätte, und es fand sich keiner, * und der Trost brächte, und ich fand keinen (Ps 21c-d).

9 Gott, Frevler haben sich gegen mich erhoben, * und die Rotte der Gewaltigen trachtete nach meinem Leben, und dich hielten sie nicht vor Augen (Ps 85, 14).

10 Zu denen bin ich gerechnet, die zur Grube fahren, * ich bin geworden wie ein Mensch ohne Hilfe, hin zu den Toten entlassen (Ps 87, 5-6a).

11 Du bist mein heiligster Vater, * mein König und mein Gott (vgl. Ps 43, 5a).

12 Hab acht auf meine Hilfe, * Herr, du Gott meines Heiles (Ps 37, 23).

Zur Prim

Antiphon: Heilige Jungfrau Maria (S. 79)

Psalm III

1 Erbarme dich meiner, Gott, erbarme dich meiner. * denn auf dich vertraut meine Seele (Ps 56, 2a).

2 Und im Schatten deiner Flügel will ich Hoffnung hegen, * bis das Ungemach vorüberzieht (Ps 56, 2b).

3 Ich will rufen zu meinem heiligsten, erhabensten Vater, * zum Herrn, der mir Gutes getan hat (vgl. Ps 56, 3).

4 Er sandte vom Himmel her und hat mich befreit, * hat in Schande gestürzt meine Unterdrücker (Ps 56, 4a-b).

5 Gott sandte sein Erbarmen und seine Treue, * meine Seele entriß er (Ps 56, 4c-5a) meinen übermächtigen Feinden und denen, die mich hassen, denn sie waren stärker als ich (Ps 17, 18).

6 Eine Schlinge haben sie meinen Füßen gelegt * und haben meine Seele niedergebeugt (Ps 56, 7a-b).

7 Sie haben vor meinen Augen eine Grube gegraben * und fielen in sie hinein (Ps 56, 7c-d).

8 Bereit ist mein Herz, o Gott, bereit ist mein Herz, * singen will ich und ein Loblied dichten (Ps 56, 8).

9 Auf, mein Ruhm, auf, Saitenspiel und Harfe, * erheben will ich mich zur Morgenfrühe (Ps 56, 9).

10 Preisen will ich dich unter den Völkern, Herr, * und ein Loblied dir singen unter den Völkerschaften (Ps 56, 10).

11 Denn bis zum Himmel hoch reicht dein Erbarmen * und bis zu den Wolken deine Treue (Ps 56, 11).

12 Erhebe dich über die Himmel, o Gott, * und breite über die ganze Erde aus deine Herrlichkeit (Ps 56, 12).

Beachte, daß dieser Psalm immer zur Prim gesprochen wird.

Zur Terz

Antiphon: Heilige Jungfrau Maria (S. 79)

Psalm IV

1 Erbarme dich meiner, o Gott, denn die Menschen haben mich niedergetreten, * den ganzen Tag bedrängen und ängstigen sie mich (Ps 55, 2).
2 Bedrückt haben mich meine Feinde den ganzen Tag, * denn viele sind der Streiter gegen mich (Ps 55, 3).
3 All meine Feinde sannen Übles gegen mich, * ein frevelhaftes Wort dachten sie gegen mich aus (Ps 40, 8b-9a).
4 Die auf mein Leben lauerten, * hielten Rat miteinander (Ps 70, 10b).
5 Sie gingen hinaus * und redeten zusammen (Ps 40, 8a).
6 Alle, die mich sahen, haben mich verspottet, * sie sprachen mit ihren Lippen und schüttelten das Haupt (Ps 21, 8).
7 Ich aber bin ein Wurm und kein Mensch, * der Menschen Spott und die Verachtung des Volkes (Ps 21, 7).
8 Mehr als all meine Feinde bin ich meinen Nachbarn sehr zum Spott geworden * und zum Schrecken für meine Bekannten (Ps 30, 12a-b).
9 Heiliger Vater (Joh 17, 11), halt doch deine Hilfe nicht von mir fern, * schau her zu meinem Schutz (Ps 21, 20).
10 Hab acht auf meine Hilfe, * Herr, du Gott meines Heiles (Ps 37, 23).

Zur Sext

Antiphon: Heilige Jungfrau Maria (S. 79)

Psalm V

1 Mit meiner Stimme habe ich zum Herrn gerufen, * mit meiner Stimme habe ich zum Herrn gefleht (Ps 141, 2).
2 Ich schütte aus vor seinem Angesicht mein Beten, * und meine Drangsal tu ich vor ihm kund (Ps 141, 3).

3 Wenn mein Geist aus mir schwindet; * hast auch du meine Wege erkannt (Ps 141, 4a-b).

4 Auf diesem Weg, auf dem ich wandelte, * haben die Hochmütigen mir heimlich eine Schlinge gelegt (Ps 141, 4c-d).

5 Ich blickte zur Rechten und schaute aus, * und niemand war, der mich erkannte (Ps 141, 5a-b).

6 Versperrt ist mir die Flucht, * und keiner ist, der sich um meine Seele kümmerte (Ps 141, 5c-d).

7 Denn um deinetwegen habe ich Schmach erduldet, * hat Schamröte mein Angesicht bedeckt (Ps 68, 8).

8 Fremd geworden bin ich meinen Brüdern * und zum Fremdling den Kindern meiner Mutter (Ps 68, 9).

9 Heiliger Vater (Joh 17, 11), der Eifer für dein Haus hat hat mich verzehrt, * und die Schmähungen derer, die dich schmähten, sind auf mich gefallen (Ps 68, 10).

10 Und sie haben sich wider mich gefreut und sich zusammengerottet, * Geißeln wurden gegen mich gesammelt, und ich habe es nicht gewußt (Ps 34, 15).

11 Zahlreicher als die Haare meines Hauptes sind geworden, * die mich grundlos hassen (Ps 68, 5a-b).

12 Stark sind geworden meine Feinde, die mich ungerecht verfolgten; * was ich nicht geraubt, sollte ich dann ersetzen (Ps 68, 5c-d).

13 Es erhoben sich feindliche Zeugen, * was sie nicht wußten, fragten sie mich (Ps 34, 11).

14 Sie ließen mir Böses für Gutes zukommen (Ps 34, 12a) und verleumdeten mich, * weil ich der Güte nachstrebte (Ps 37, 21).

15 Du bist mein heiligster Vater, * mein König und mein Gott (Ps 43, 5).

16 Hab acht auf meine Hilfe, * Herr, du Gott meines Heiles (Ps 37, 23).

Zur Non

Antiphon: Heilige Jungfrau Maria (S. 79)

Psalm VI

1 O ihr alle, die ihr auf dem Wege vorüberzieht, * habt acht und seht, ob ein Schmerz ist wie mein Schmerz (Kl 1, 12).

2 Denn mich haben viele Hunde umringt, * die Versammlung der Bösewichter hat mich umlagert (Ps 21, 17).
3 Sie aber haben mich angeschaut und betrachtet, * sie haben sich meine Kleider geteilt und über mein Gewand das Los geworfen (Ps 21, 18b-19).
4 Durchbohrt haben sie meine Hände und Füße * und haben alle meine Gebeine gezählt (Ps 21, 17c-18a).
5 Sie haben über mich ihren Mund aufgetan * wie ein reißender und brüllender Löwe (Ps 21, 14).
6 Wie Wasser bin ich ausgegossen, * und zugrundegerichtet sind alle meine Gebeine (Ps 21, 15a-b).
7 Und mein Herz ist geworden wie schmelzendes Wachs * in meines Leibes Mitte (Ps 21, 15c).
8 Ausgedörrt wie eine Scherbe ist meine Kraft, * und meine Zunge klebt an meinem Gaumen (Ps 21, 16a-b).
9 Und sie haben mir Galle zur Speise gegeben * und haben in meinem Durst mich mit Essig getränkt (Ps 68, 22).
10 Und in den Staub des Todes haben sie mich weggeführt (vgl. Ps 21, 16c), * und zu dem Schmerz meiner Wunden fügten sie [neuen] hinzu (Ps 68, 27b).
11 Ich bin entschlafen und wieder aufgestanden (Ps 3, 6), * und mein heiligster Vater hat mich mit Herrlichkeit aufgenommen (Ps 72, 24c).
12 Heiliger Vater (Joh 17, 11), du hast meine rechte Hand festgehalten und in deinem Willen mich hinabgeführt, * und du hast mich mit Herrlichkeit aufgenommen (Ps 72, 24c).
13 Denn was gibt es für mich im Himmel, * und was habe ich auf Erden außer dir gewollt? (Ps 72, 25).
14 Seht, o seht, daß ich Gott bin, spricht der Herr, * ich werde erhaben sein unter den Völkern und werde erhaben sein auf der Erde (Ps 45, 11).
15 Gepriesen sei der Herr, der Gott Israels (Lk 1, 68a), der die Seelen seiner Knechte mit seinem eigenen heiligsten Blute erlöst hat; * und er wird all jene nicht verlassen, die auf ihn hoffen (Ps 33, 23).
16 Und wir wissen, daß er kommt, * daß er kommen wird, nach Gerechtigkeit zu richten (Ps 95, 13b).

Zur Vesper

Antiphon: Heilige Jungfrau Maria (S. 79)

Psalm VII

1 Ihr Völker alle, klatscht in die Hände, * jubelt Gott zu im Jubelruf (Ps 46, 2).

2 Denn der Herr ist erhaben, * ist furchtbar, ein großer König über die ganze Erde (Ps 46, 3).

3 Denn der heiligste Vater im Himmel, unser König vor Ewigkeiten, * hat seinen geliebten Sohn aus der Höhe gesandt und hat das Heil gewirkt inmitten der Erde (Ps 73, 12).

4 Freuen sollen sich die Himmel, und es juble die Erde, aufwalle das Meer und seine Fülle, * freuen wird sich die Flur und alles, was auf ihr ist (Ps 95, 11-12a).

5 Singt ihm ein neues Lied, * singt dem Herrn ihr Lande all (vgl. Ps 95, 1).

6 Denn groß ist der Herr und überaus preiswürdig, * furchtbar ist er über alle Götter (Ps 95, 4).

7 Bringt dem Herrn, ihr Völkerstämme, bringt dem Herrn Preis und Ehre, * bringt dem Herrn den Lobpreis für seinen Namen (Ps 95, 7-8a).

8 Bringt eure Leiber dar und tragt sein heiliges Kreuz * und folgt bis zum Ende seinen heiligsten Geboten (vgl. Lk 14, 27; 1 Petr 2, 21).

9 Es erbebe vor seinem Angesicht die ganze Erde; * kündet es unter den Völkern, daß der Herr vom Holz herab herrscht (Ps 95, 9b-10a).

Bis hierher wird vom Karfreitag bis zum Feste der Himmelfahrt täglich gebetet. Am Feste der Himmelfahrt aber werden folgende Verse hinzugefügt:

10 Und er ist emporgestiegen zum Himmel und sitzt zur Rechten des heiligsten Vaters im Himmel. Erhebe dich über die Himmel, o Gott, * und über die ganze Erde [breite sich] deine Herrlichkeit (Ps 56, 12).

11 Und wir wissen, daß er kommt, * daß er kommen wird, nach Gerechtigkeit zu richten.

Und beachte, daß dieser Psalm, nämlich „Ihr Völker alle" mit den oben genannten Versen von der Himmel-

fahrt bis zum Advent des Herrn täglich in derselben Art gebetet wird; dabei wird das „Ehre sei dem Vater" dort gesprochen, wo der Psalm endet, nämlich: „daß er kommen wird, nach Gerechtigkeit zu richten".

Beachte, daß diese oben angeführten Psalmen vom Karfreitag bis zum Ostersonntag gebetet werden. In derselben Art wrden sie von der Pfingstoktav bis zum Advent des Herrn und von der Epiphanie-Oktav bis zum Ostersonntag gebetet; ausgenommen sind die Sonntage und die Hauptfeste, an denen sie nicht gebetet werden. An den anderen Tagen werden sie aber täglich gebetet.

[2. Teil: Für die Osterzeit]

Am Karsamstag,
und zwar nach Abschluß des Samstags:

Zur Komplet

Antiphon: Heilige Jungfrau Maria (S. 79)

Psalm VIII

1 Gott, merk auf meine Hilfe, * Herr, eile mir zu helfen.
2 Beschämt und zuschanden mögen werden, * die mir nach dem Leben trachten.
3 Zurückweichen sollen und sich schämen, * die mir Böses wollen.
4 Eilends sollen zurückweichen und sich schämen, * die zu mir sagen: Recht so! Recht so!
5 Es sollen jubeln und in dir sich freuen alle, die dich suchen, * und die dein Heil lieben, sollen immer sagen: Hochgepriesen sei der Herr!
6 Ich aber bin hilflos und arm, * Gott, steh mir bei.
7 Mein Helfer und mein Befreier bist du, * Herr, zögere nicht (Ps 69, 2-6).

Und dies wird täglich zur Komplet bis zur Pfingsoktav gebetet.

Zur Matutin des Ostersonntags

Antiphon: Heilige Jungfrau Maria (S. 79)

Psalm IX

1 Singt dem Herrn ein neues Lied, * denn Wunderbares hat er getan (Ps 97, 1a-b).

2 Seinen geliebten Sohn hat seine Rechte geweiht * und sein heiliger Arm (vgl. Ps 97, 1c-d).
3 Kundgetan hat der Herr sein Heil; * vor dem Angesicht aller Völker hat er seine Gerechtigkeit geoffenbart (Ps 97, 2).
4 An jenem Tag hat der Herr sein Erbarmen entboten, * und in der Nacht erklang sein Lobgesang (vgl. Ps 41, 9a-b).
5 Das ist der Tag, den der Herr gemacht hat, * an ihm laßt uns jubeln und frohlocken (Ps 117, 24).
6 Gepriesen sei, der da kommt im Namen des Herrn, * der Herr ist Gott und hat uns Licht gespendet (Ps 117, 26a. 27a).
7 Freuen sollen sich die Himmel, und es juble die Erde; aufwalle das Meer und seine Fülle; * freuen wird sich die Flur und alles, was auf ihr ist (Ps 95, 11-12a).
8 Bringt dem Herrn, ihr Völkerstämme, bringt dem Herrn Preis und Ehre, * bringt dem Herrn den Lobpreis für seinen Namen (Ps 95, 7-8a).

Bis hierher wird täglich vom Ostersonntag bis zum Fest der Himmelfahrt zu allen Horen gebetet außer zur Vesper, zur Komplet und zur Prim. In der Nacht zur Himmelfahrt werden jedoch die folgenden Verse hinzugefügt:

9 Ihr Reiche der Erde, singet Gott, * lobpreiset den Herrn (Ps 67, 33a).
10 Lobpreiset Gott, der über den Himmel des Himmels emporsteigt * dem Aufgang zu (Ps 67, 33b-34a).
11 Seht, er wird seiner Stimme den Ton der Stärke verleihen; gebt Gott die Ehre über Israel; * seine Herrlichkeit und seine Stärke erstrahlt in den Wolken (Ps 67, 34b-35).
12 Wunderbar ist Gott in seinen Heiligen; * Israels Gott, er selber wird seinem Volke Stärke und Kraft verleihen; gepriesen sei Gott (Ps 67, 36).
Ehre [sei dem Vater . . .]

Und beachte, daß dieser Psalm von der Himmelfahrt des Herrn bis zur Pfingst-Oktav täglich mit den oben angeführten Versen zur Matutin, Terz, Sext und Non gebetet wird. Dabei wird „Ehre sei dem Vater“ an der Stelle ge-

sprochen, wo es heißt: „Gepriesen sei Gott", und nicht anderswo.

Beachte ferner, daß in der gleichen Weise nur gebetet wird zur Matutin an Sonntagen und Hauptfesten von der Pfingstoktav bis zum Advent des Herrn und von der Epiphanie-Oktav bis zum Gründonnerstag, weil der Herr an diesem Tag mit seinen Jüngern das Osterlamm gegessen hat. Man kann auch zur Matutin oder zur Vesper einen anderen Psalm beten, wenn man will, nämlich: „Preisen will ich dich, Herr" usw. (Ps 29), wie er im Psalter steht, und zwar vom Ostersonntag bis zum Feste Himmelfahrt, weiter nicht.

Zur Prim

Antiphon: Heilige Jungfrau Maria (S. 79)

Psalm: „Erbarme dich meiner, Gott, erbarme dich meiner" wie oben (Psalm III, S. 81)

Zur Terz, Sext und Non

wird der *Psalm* gebetet: „Singt" wie oben Psalm IX, S. 86)

Zur Vesper

Psalm: „Ihr Völker alle" wie oben (Psalm VII, S. 85)

[3. Teil: Für die Sonntage und Hauptfeste]

Hier beginnen weitere Psalmen, die unser hochseliger Vater Franziskus gleichfalls zusammengestellt hat. Sie sind an Stelle der oben aufgeführten Psalmen vom Leiden des Herrn zu beten an den Sonntagen und Hauptfesten von der Pfingstoktav bis zum Advent und von der Epiphanie-Oktav bis zum Gründonnerstag. Man verstehe es recht, daß sie an diesem Tag selbst gebetet werden sollen, weil Pascha des Herrn ist.

Zur Komplet

Antiphon: Heilige Jungfrau Maria (S. 79)

Psalm: „Gott, merk auf meine Hilfe",
wie es im Psalter steht (Psalm VII, S. 85)

Zur Matutin

Antiphon: Heilige Jungfrau Maria (S. 79)

Psalm: „Singt dem Herrn" wie oben Psalm IX (S. 86)

Zur Prim

Antiphon: Heilige Jungfrau Maria (S. 79)

Psalm: Erbarme dich meiner, Gott, erbarme dich meiner" wie oben Psalm III (S. 81)

Zur Terz

Antiphon: Heilige Jungfrau Maria (S. 79)

Psalm X

1 Jauchzt dem Herrn alle Lande, singt ein Loblied seinem Namen, * gebt Ehre zu seinem Ruhm (vgl. Ps 65, 1-2).

2 Sprecht zu Gott: Wie furchterregend sind deine Werke, Herr, * bei der Fülle deiner Macht schmeicheln dir deine Feinde (Ps 65, 3).

3 Die ganze Erde bete dich an und lobsinge dir, * sie singe ein Loblied deinem Namen (Ps 65, 4).

4 Ihr alle, die ihr den Herren fürchtet, kommt, hört, und ich werde erzählen, * wie Großes der Herr meiner Seele getan hat (Ps 65, 16).

5 Zu ihm hab ich mit meinem Mund gerufen * und ihn mit meiner Zunge gepriesen (Ps 65, 17).

6 Und er hat meine Stimme erhört von seinem heiligen Tempel her, * und vor sein Antlitz ist mein Rufen hingedrungen (Ps 17, 7c-d).

7 Lobpreiset, ihr Völker, unseren Herrn, * und lasset hören die Stimme zu seinem Ruhm (vgl. Ps 65, 8).

8 Und gesegnet werden in ihm alle Stämme der Erde, * alle Völker werden ihn preisen (Ps 71, 17c-d).

9 Gepriesen sei der Herr, der Gott Israels, * der allein große Wunderwerke vollbringt (Ps 71, 18).

10 Und gepriesen sei der Name seiner Majestät auf ewig, * und alle Erde wird erfüllt sein von seiner Majestät. So sei es, so sei es (Ps 71, 19).

Zur Sext

Antiphon: Heilige Jungfrau Maria (S. 79)

Psalm XI

1 Erhören möge dich der Herr am Tag der Trübsal, * beschützen möge dich der Name des Gottes Jakobs (Ps 19, 2).
2 Er sende dir Hilfe vom Heiligtum * und beschütze dich von Sion aus (Ps 19, 3).
3 Er gedenke all deiner Opfer, * und dein Brandopfer möge wohlgefällig sein (Ps 19, 4).
4 Er gewähre dir nach deines Herzens Sehnen, * und er erfülle all deine Pläne (Ps 19, 5).
5 An deinem Heil werden wir uns freuen, * und im Namen des Herrn, unseres Gottes, uns rühmen (Ps 19, 6).
6 Der Herr erfülle alle deine Bitten. Nun habe ich erkannt, daß der Herr (Ps 19, 7a-6) seinen Sohn Jesus Christus gesandt hat, * und er wird nach Gerechtigkeit die Völker richten (Ps 9, 9b).
7 Und der Herr ist den Armen zur Zuflucht geworden, zum Helfer in Drangsal zur rechten Zeit, * und es sollen hoffen auf dich, die deinen Namen kennen (Ps 9, 10-11a).
8 Gepriesen sei der Herr, mein Gott (Ps 143, 1b), denn er ist mein Beschirmer geworden und meine Zuflucht * am Tage meiner Drangsal (vgl. Ps 58, 17c-d).
9 Mein Helfer, dir will ich lobsingen, denn du, o Gott, bist mein Beschirmer, * mein Gott bist du, du bist mein Erbarmen (Ps 58, 18).

Zur Non

Antiphon: Heilige Jungfrau Maria (S. 79)

Psalm XII

1 Auf dich, Herr, habe ich gehofft, ich werde nicht zuschanden in Ewigkeit, * in deiner Gerechtigkeit befreie mich und errette mich (Ps 70, 1b-2a).
2 Neige zu mir dein Ohr * und rette mich (Ps 70, 2b).
3 Sei mir zum beschirmenden Gott und zum befestigten Ort, * daß du mich errettest (Ps 70, 3a-b).
4 Denn du bist meine Zuversicht, Herr, * o Herr, du meine Hoffnung von meiner Jugend an (Ps 70, 5).

5 Auf dich bin ich gestützt vom Mutterschoße an, von meiner Mutter Leib an bist du mein Beschützer, * zu dir geht stets mein Lobgesang (Ps 70, 6).
6 Mit Lobpreis fülle sich mein Mund, daß ich besinge deine Herrlichkeit, * den ganzen Tag lang deine Größe (Ps 70, 8).
7 Erhöre mich, Herr, denn liebevoll ist dein Erbarmen, * nach der Vielzahl deiner Erbarmungen schau auf mich (Ps 68, 17).
8 Und wende das Antlitz nicht ab von deinem Knecht, * denn ich bin bedrängt, erhör mich eilends (Ps 68, 18).
9 Gepriesen sei der Herr, mein Gott (Ps 143, 1b), denn er ist mein Beschirmer und meine Zuflucht geworden * am Tage meiner Drangsal.
10 Mein Helfer, dir will ich lobsingen, denn du, Gott, bist mein Beschirmer, * mein Gott bist du, du mein Erbarmen (Ps 58, 18).

Zur Vesper

Antiphon: Heilige Jungfrau Maria (S. 79)

Psalm: „Ihr Völker alle" wie oben Psalm VII (S. 85)

[4. Teil: Für die Zeit des Advent]

Hier beginnen weitere Psalmen, die unser hochseliger Vater Franziskus gleichfalls zusammengestellt hat. Sie sind an Stelle der oben aufgeführten Psalmen vom Leiden des Herrn zu beten vom Advent des Herrn bis zur Weihnachtsvigil und weiter nicht.

Zur Komplet

Antiphon: Heilige Jungfrau Maria (S. 79)

Psalm XIII

1 Wie lange, Herr, wirst du mich ganz vergessen? * Wie lange noch verbirgst du dein Gesicht vor mir?
2 Wie lange soll ich in meiner Seele Pläne ersinnen, * in meinem Herzen den ganzen Tag Schmerz ertragen?
3 Wie lange wird mein Feind sich über mich erheben? * Schau her und erhöre mich, Herr, mein Gott.
4 Eleuchte meine Augen, daß ich nicht zum Tod ent-

schlafe, * damit mein Feind nicht irgendeinmal sagen kann: Ich habe ihn überwältigt.

5 Die mich bedrängen, werden jubeln, wenn ich fortgeschafft bin, * ich aber habe auf dein Erbarmen gehofft.

6 Mein Herz wird jubeln in deinem Heil; ich werde dem Herrn singen, der mir Gutes getan hat, * und ich werde den Namen des höchsten Herrn lobpreisen (Ps 12, 1-6).

Zur Matutin

Antiphon: Heilige Jungfrau Maria (S. 79)

Psalm XIV

1 Lobpreisen will ich dich, Herr heiligster Vater, König des Himmels und der Erde, * denn du hast mich getröstet (vgl. Jes 12, 1).

2 Du bist, o Gott, mein Retter, * voll Zuversicht will ich handeln und mich nicht fürchten (vgl. Jes 12, 2a-b).

3 Meine Stärke und mein Loblied ist der Herr, * und er ist mir zum Heil geworden (Jes 12, 2c-d).

4 Deine Rechte, Herr, ist hochgeschätzt an Kraft; deine Rechte, Herr, hat den Feind geschlagen, * und in der Fülle deiner Herrlichkeit hast du meine Gegner gestürzt (Ex 15, 6-7a).

5 Die Armen sollen es sehen und sich freuen; * suchet Gott, und eure Seele wird leben (Ps 68, 33).

6 Lobpreisen sollen ihn Himmel und Erde, * das Meer und alles, was sich regt in ihm (Ps 68, 35).

7 Denn Gott wird Sion erretten, * und es werden aufgebaut werden Judas Städte (Ps 68, 36a-b).

8 Und sie werden dort wohnen * und es als Erbe erhalten (Ps 68, 36c).

9 Und die Nachkommen seiner Knechte werden es besitzen, * und die seinen Namen lieben, werden darin wohnen (Ps 68, 37).

Zur Prim

Antiphon: Heilige Jungfrau Maria (S. 79)

Psalm: „Erbarme dich meiner, Gott, erbarme dich meiner“ wie oben Psalm III (S. 81)

Zur Terz

Antiphon: Heilige Jungfrau Maria (S. 79)

Psalm: „Jauchzt dem Herrn" wie oben Psalm X (S. 89)

Zur Sext

Antiphon: Heilige Jungfrau Maria (S. 79)

Psalm: „Erhören möge dich" wie oben Psalm XI (S. 90)

Zur Non

Antiphon: Heilige Jungfrau Maria (S. 79)

Psalm: „Auf dich, Herr, habe ich gehofft"
wie oben Psalm XII (S. 90)

Zur Vesper

Antiphon: Heilige Jungfrau Maria (S. 79)

Psalm: „Ihr Völker alle" wie oben Psalm VII (S. 85)

Beachte auch, daß nicht der ganze Psalm gebetet wird, sondern nur bis zum Vers: „Es erbebe vor seinem Angesicht die ganze Erde." Verstehe aber recht, daß der ganze Vers: „Bringt eure Leiber dar" gebetet werden soll. Nach Beendigung dieses Verses wird an dieser Stelle das „Ehre sei dem Vater" gesprochen. Und so wird täglich zur Vesper gebetet vom Advent bis zur Weihnachtsvigil.

[5. Teil: Für die Weihnachtszeit bis zur Epiphanie-Oktav]

Zur Vesper am Weihnachtsfest

Antiphon: Heilige Jungfrau Maria (S. 79)

Psalm XV

1 Jubelt Gott, unserm Helfer (Ps 80, 2a), * jauchzt dem Herrn, dem lebendigen und wahren Gott, mit Jubelklang (vgl. Ps 46, 2b).

2 Denn der Herr ist erhaben, * ist furchtbar, ein großer König über die ganze Erde (Ps 46, 3).

3 Denn der heiligste Vater im Himmel, unser König vor Ewigkeiten (Ps 73, 12a), hat seinen geliebten Sohn aus der Höhe gesandt, * und er ist von der seligen Jungfrau, der heiligen Maria, geboren worden.

4 Er hat zu mir gerufen: Mein Vater bist du (Ps 88, 27a), * und ich werde ihn zum Erstgeborenen machen, erhaben über die Könige der Erde (Ps 88, 28).

5 An jenem Tag hat der Herr sein Erbarmen entboten, * und in der Nacht erklang sein Lobgesang (vgl. Ps 41, 9a-b).

6 Das ist der Tag, den der Herr gemacht hat, * an ihm laßt uns jubeln und frohlocken (Ps 117, 24).

7 Denn das heiligste, geliebte Kind ist uns geschenkt und für uns geboren (vgl. Jes 9, 6) am Weg und in eine Krippe gelegt worden, * weil es keinen Platz in der Herberge hatte (vgl. Lk 2, 7).

8 Ehre sei Gott, dem Herrn, in den höchsten Höhen * und auf Erden Friede den Menschen guten Willens (vgl. Lk 2, 14).

9 Freuen sollen sich die Himmel, und es juble die Erde; aufwalle das Meer und seine Fülle; * freuen wird sich die Flur und alles, was auf ihr ist (Ps 95, 11-12a).

10 Singt ihm ein neues Lied, * singt dem Herrn, ihr Lande all (Ps 95, 1).

11 Denn groß ist der Herr und überaus preiswürdig, * furchtbar ist er über alle Götter (Ps 95, 4).

12 Bringt dem Herrn, ihr Völkerstämme, bringt dem Herrn Preis und Ehre, * bringt dem Herrn den Lobpreis für seinen Namen (Ps 95, 7-8a).

13 Bringt eure Leiber dar und tragt sein heiliges Kreuz * und folgt bis zum Ende seinen heiligsten Geboten (vgl. Lk 14, 27; 1 Petr 2, 21).

Beachte, daß dieser Psalm von Weihnachten bis zur Epiphanie-Oktav zu allen Horen gebetet wird. Wenn jemand dieses Stundengebet des seligen Franziskus beten will, so bete er es in folgender Weise: Zuerst bete er das Vaterunser mit dem Preisgebet, nämlich: „Heilig, heilig, heilig“[4]. *Ist das Preisgebet mit der Oration gebetet, wie es oben steht, so beginne man die Antiphon: „Heilige Jungfrau Maria“ mit dem Psalm, der für jede einzelne Hore des Ta-*

---

[4] Vgl. die einführende Rubrik ganz am Anfang des Offiziums.

ges und der Nacht vorgesehen ist. Und man bete mit großer Ehrfurcht[5].

---

[5] Es gibt eine handschriftliche Überlieferung, welche die Schlußbemerkung zu diesem gesamten Offizium in folgender Textfassung bringt: Beachte, daß dieser Psalm von Weihnachten bis zur Epiphanie-Oktav gebetet wird, außer zur Komplet, bei der der Psalm gebetet wird: „Gott, merk auf meine Hilfe" usw. (Ps VIII), und zur Prim, bei der der Psalm gebetet wird: „Erbarme dich meiner, Gott" usw. (Psalm III). Der selige Franziskus hat die vorstehenden Psalmen zusammengestellt zum Lob des Herrn und zum Gedenken an sein Leiden. Er betete sie mit großer Hingabe vor den anderen Horen und hielt so folgendes Wort Davids im Gedächtnis: „Und zu all deinem Lob will ich noch etwas hinzufügen" (Ps 70, 14). Daher sagte er ihm, dem gütigsten Gott, Dank, der durch das Kreuzbild von San Damiano zu ihm gesprochen hat. Und Gott prägte das Siegel seines Leidens seiner Seele ein, so daß von jener Stunde an bis zum Sterbetag seine Seele es verdiente, durch die beständige Betrachtung der Wunden Christi und durch die bitteren Tränen des Herzens mit der Seele Christi vereinigt zu werden. So verdiente durch das Erbarmen Gottes und durch die große Leidenschaft der Liebe sein Leib zwei Jahre vor seinem Tod, wie die Erscheinung des Seraphs deutlich gemacht hat, durch die heiligen Wundmale dem Leibe Christi gleichgestaltet zu werden. So sollte an ihm jenes Wort des Apostels sich erfüllen: „Ich trage nämlich die Wundmale des Herrn Jesus an meinem Leibe" (Gal 6, 17). Amen. — Text bei *Eßer*, Die Opuscula, 351; *ders.*, Opuscula, 222.

Preisgebet zu allen Horen[1] (PreisHor)

Wenngleich der Text dieses Preisgebetes fast ganz aus Stellen der Heiligen Schrift, besonders der Geheimen Offenbarung, und der kirchlichen Liturgie zusammengestellt ist, hat noch niemand bezweifelt, daß es sich hier um ein authentisches Opusculum des heiligen Franziskus handelt. Original ist die Schlußoration.

Preisgebet zu allen Horen

1 Heilig, heilig, heilig ist der Herr, der allmächtige Gott, der ist und der war und der kommen wird (vgl. Offb 4, 8).
Und laßt uns ihn loben und über alles erheben in Ewigkeit.

2 Würdig bist du, Herr, unser Gott, zu empfangen Lob, Herrlichkeit und Ehre und Preis (vgl. Offb 4, 11).
Und laßt uns ihn loben und über alles erheben in Ewigkeit.

3 Würdig ist das Lamm, das geschlachtet worden ist, zu empfangen die Macht und Gottheit und Weisheit und Stärke und Ehre und Herrlichkeit und Lobpreis (Offb 5, 12).
Und laßt uns ihn loben und über alles erheben in Ewigkeit.

4 Laßt uns preisen den Vater und den Sohn mit dem Heiligen Geist.
Und laßt uns ihn loben und über alles erheben in Ewigkeit.

5 Preiset den Herrn, alle Werke des Herrn (Dan 3, 57).
Und laßt uns ihn loben und über alles erheben in Ewigkeit.

6 Lobpreiset unseren Gott, ihr seine Diener alle und die ihr Gott fürchtet, Kleine und Große (Offb 19, 5).
Und laßt uns ihn loben und über alles erheben in Ewigkeit.

---

[1] Der lateinische Titel lautet: „Laudes ad omnes horas dicendae“ (Abkürzung: LaudHor). Lateinische Ausgabe: *Eßer,* Die Opuscula, 313-321; *Eßer;* Opuscula, 183-187.

7 Loben sollen ihn, den Glorreichen, Himmel und Erde (vgl. Ps 68, 35).
Und laßt uns ihn loben und über alles erheben in Ewigkeit.

8 Und jegliche Kreatur, die im Himmel und auf der Erde und unter der Erde ist, und das Meer, und was in ihm sich befindet (vgl. Offb 5, 13).
Und laßt uns ihn loben und über alles erheben in Ewigkeit.

9 Ehre sei dem Vater und dem Sohn und dem Heiligen Geist.
Und laßt uns ihn loben und über alles erheben in Ewigkeit.

10 Wie es war im Anfang, so auch jetzt und allezeit und in der Ewigkeiten Ewigkeiten. Amen.
Und laßt uns ihn loben und über alles erheben in Ewigkeit.

11 *Gebet:* Allmächtiger, heiligster, erhabenster und höchster Gott, du alles Gut, höchstes Gut, der du allein der Gute bist (vgl. Lk 18, 19), dir wollen wir erweisen alles Lob, alle Herrlichkeit, allen Dank, alle Ehre, allen Preis und alles Gute. Es geschehe! Es geschehe! Amen.

Bullierte Regel[1] (BReg)

Durch die Bulle „Solet annuere“ bestätigte Papst Honorius III. am 29. November 1223 die endgültige Regel des heiligen Franziskus. Dabei nahm er den vollständigen Text dieser Regel in sein Bestätigungsschreiben hinein. Das Original dieses Schreibens wird im Sacro Convento zu Assisi als kostbare Reliquie aufbewahrt. Ein zweiter authentischer Text, der aber gegenüber dem Original einige Verschiedenheiten aufweist[2], findet sich im entsprechenden Registerband des Vatikanischen Archivs.

Die bullierte Regel ist kein Gesetzwerk, sondern vielmehr ein geistliches Dokument, ja eine Mahnrede des Heiligen an seine Brüder, damit sie dem Leben nach dem Evangelium, das sie fest versprochen haben, treu bleiben[3].

[Honorius[4], Bischof, Diener der Diener Gottes, den geliebten Söhnen, Bruder Franziskus und den anderen Brüdern vom Orden der Minderen Brüder, Heil und Apostolischen Segen.

Der Apostolische Stuhl pflegt sich frommen Begehren zu neigen und geziemenden Wünschen der Bittsteller wohlwollende Förderung zu erteilen. Daher, im Herrn geliebte Söhne, haben Wir Uns euren frommen Bitten geneigt und bestätigen euch kraft apostolischer Vollmacht die Regel eures Ordens, die von Papst Innozenz, Unserem Vorgänger seligen Angedenkens, gutgeheißen wurde und in vorliegendem Schreiben festgehalten ist, und bekräftigen sie durch den Schutz gegenwärtigen Schreibens. Sie lautet wie folgt:]

---

[1] Der lateinische Text lautet: „Regula bullata“ (Abkürzung: RegB). Lateinische Ausgabe: *Eßer*, Die Opuscula, 363-372; *Eßer*, Opuscula, 225-238.

[2] Diese Differenzen sind zusammengestellt bei *Eßer*, Die Opuscula, 363-364.

[3] Vgl. BReg 12, 4.

[4] Die Regel ist in eine päpstliche Bulle, mit der sie bestätigt wurde, eingebaut. Der gesamte Text der Bulle wird hier beigefügt, doch werden die beiden Teile (Anfang und Schluß) in eckige Klammern gesetzt, weil diese Texte nicht auf Franziskus zurückgehen, sondern von der päpstlichen Kurie stammen.

[1. Kapitel][5]
Im Namen des Herrn!

Es beginnt die Lebensweise der Minderen Brüder:
1 Regel und Leben der Minderen Brüder ist dieses, nämlich unseres Herrn Jesu Christi heiliges Evangelium zu beobachten durch ein Leben in Gehorsam, ohne Eigentum
2 und in Keuschheit. Bruder Franziskus verspricht Gehorsam und Ehrerbietung dem Hern Papst Honorius und seinen rechtmäßigen Nachfolgern sowie der Römischen
3 Kirche. Und die anderen Brüder sollen verpflichtet sein, dem Bruder Franziskus und dessen Nachfolgern zu gehorchen.

[2. Kapitel]

Von denen, die dieses Leben annehmen wollen und wie sie aufgenommen werden sollen

1 Die etwa dieses Leben annehmen wollen und zu unseren Brüdern kommen, sollen von ihnen zu ihren Provinzialministern geschickt werden; diesen allein und sonst niemand sei die Befugnis zugestanden, Brüder aufzu-
2 nehmen. Die Minister aber sollen sie sorgfältig über den katholischen Glauben und die Sakramente der Kirche
3 prüfen. Und wenn sie dies alles glauben und es treu bekennen und bis ans Ende unverbrüchlich daran festhalten
4 wollen; und wenn sie keine Ehefrauen haben oder ihre Frauen — falls sie eine haben — auch schon in ein Kloster eingetreten sind oder ihnen nach Ablegung des Gelübdes der Enthaltsamkeit mit Ermächtigung des Diözesanbischofs Erlaubnis gegeben haben; und wenn ihre Frauen solchen Alters sind, daß kein Argwohn über sie ent-
5 stehen kann, dann sollen sie [die Minister] ihnen das Wort des heiligen Evangeliums (vgl. Mt 19, 21 par.) sagen, daß sie hingehen und all das Ihrige verkaufen und Sorge tra-
6 gen, es unter die Armen zu verteilen. Wenn sie das nicht
7 tun können, genügt ihnen der gute Wille. Und die Brüder und ihre Minister sollen sich hüten, sich um deren zeitliche Habe zu kümmern, damit sie unbehindert mit ihrer Habe tun können, was der Herr ihnen eingeben

[5] Zwar stehen in der Originalbulle die zwölf Überschriften, aber nicht die Numerierung in 12 Kapiteln.

8 mag. Wenn jedoch um Rat ersucht wird, soll es den Mini-
stern erlaubt sein, sie an gottesfürchtige Leute zu verwei-
sen, nach deren Rat ihre Güter an die Armen verteilt
9 werden mögen. Hernach sollen sie ihnen die Kleidung für
die Probezeit gewähren, nämlich zwei Habite ohne Ka-
puze und einen Gürtelstrick und Hosen und einen Kapa-
10 ron[6] bis zum Gürtel, falls nicht den erwähnten Ministern
einmal etwas anderes vor Gott entsprechend scheinen
11 sollte. Ist aber das Probejahr beendet, sollen sie zum Ge-
horsam angenommen werden, indem sie versprechen, die-
12 ses Leben und diese Regel immer zu befolgen. Und gemäß
der Anordnung des Herrn Papstes[7] soll ihnen unter kei-
nen Umständen erlaubt sein, aus diesem Orden auszu-
13 treten, weil nach dem heiligen Evangelium „niemand,
der die Hand an den Pflug legt und rückwärts schaut, zum
14 Reiche Gottes tauglich ist" (Lk 9, 62). Und jene, die den
Gehorsam schon versprochen haben, sollen einen Habit
mit Kapuze und, falls sie ihn haben wollen, einen ande-
15 ren ohne Kapuze haben. Und die durch Not gezwungen
16 sind, können Schuhwerk tragen. Und alle Brüder sollen ge-
ringwertige Kleidung tragen und sollen sie mit grobem
Tuch und anderen Tuchstücken verstärken[8] können mit Got-
17 tes Segen. Ich warne und ermahne sie, jene Leute nicht zu
verachten, noch zu verurteilen, die sie weiche und farben-
frohe Kleider tragen (vgl. Mt 11, 8) und sich auserlesener
Speisen und Getränke bedienen sehen, sondern vielmehr
soll jeder sich selbst verurteilen und verachten.

[3. Kapitel]

Vom Göttlichen Offizium und vom Fasten und wie die Brüder durch die Welt ziehen sollen

[6] Der Kaparon hatte die Form einer kurzen Pelerine. — Vgl. auch 1 Celano 23: Franziskus vertauscht „den Ledergürtel mit einem Strick".

[7] Gemeint ist die Bulle des Papstes *Honorius III.* „Cum secundum consilium" vom 22. September 1220, durch die das Noviziat im Minderbrüderorden eingeführt und der leichtfertige Austritt aus dem Orden verboten wurde.

[8] Das lateinische „repeciare" bedeutet flicken, aber auch verstärken, füttern; vgl. auch NbReg 2, 14.

1 Die Kleriker[9] sollen das Göttliche Offizium[10] nach der
Anordnung der heiligen Kirche von Rom verrichten, den
2 Psalter ausgenommen; darum dürfen sie Breviere ha-
3 ben. / Die Laien aber sollen vierundzwanzig Vaterunser
beten für die Matutin, für die Laudes fünf, für Prim,
Terz, Sext, Non, für jede dieser Horen sieben, für die
4 Vesper aber zwölf, für die Komplet sieben; und sie sollen
5 für die Verstorbenen beten. Und sie sollen fasten vom
6 Feste Allerheiligen bis zur Geburt des Herrn. Die heilige
vierzigtägige Fastenzeit aber, die von Epiphanie an ohne
Unterbrechung[11] vierzig Tage dauert und die der Herr
durch sein heiliges Fasten geweiht hat (vgl. Mt 4, 2), die
sie freiwillig fasten, sollen vom Herrn gesegnet sein; und
7 die nicht wollen, sollen nicht verpflichtet sein. Die andere
Fastenzeit aber bis zur Auferstehung des Herrn sollen
8 sie halten. Zu anderen Zeiten aber sollen sie nicht zum
9 Fasten gehalten sein, außer am Freitag. Jedoch zur Zeit
offensichtlicher Not sollen die Brüder zu leiblichem Fa-
10 sten nicht gehalten sein. Ich rate aber meinen Brüdern,
warne und ermahne sie im Herrn Jesus Christus, sie sol-
len, wenn sie durch die Welt gehen, nicht streiten, noch
sich in Wortgezänk einlassen (vgl. 2 Tim 2, 14), noch an-
11 dere richten. Vielmehr sollen sie milde, friedfertig und
bescheiden, sanftmütig und demütig sein und anständig
12 reden mit allen, wie es sich gehört. Und sie dürfen nicht
reiten, falls sie nicht durch offenbare Not oder Schwäche[12]
13 gezwungen werden. Kommen sie in ein Haus, sollen sie
14 zuerst sagen: „Friede diesem Hause“ (vgl. Lk 10, 5). Und
nach dem heiligen Evangelium soll es erlaubt sein, von
allen Speisen zu essen, die ihnen vorgesetzt werden (vgl.
Lk 10, 8).

---

[9] Die beiden Begriffe „Kleriker“ und „Laien“ bedeuten hier: „Gebildete“ (die lesen und Schreiben können) und „Ungebildete“ (die nicht lesen und schreiben können).

[10] Lange Zeit beschränkte man den Ausdruck „Offizium“ auf das Stundengebet; zur Zeit des heiligen Franziskus wurden Offizium und Stundengebet noch als Einheit gesehen, wie es auch das neue „Stundenbuch“ nach dem II. Vatikanischen Konzil wieder nahelegt (vgl. die Allgemeine Einführung, nr. 12-13).

[11] d. h. einschließlich der Sonntage.

[12] „infirmitas“ bedeutet nicht nur Krankheit, sondern noch umfassender „körperliche Schwäche“.

[4. Kapitel]
Daß die Brüder kein Geld annehmen sollen

1 Ich gebiete allen Brüdern streng, auf keine Weise Mün-
zen[13] oder Geld anzunehmen, weder selbst noch durch
2 eine Mittelsperson. Doch für die Bedürfnisse der Kran-
ken und die Bekleidung der anderen Brüder sollen einzig
die Minister und Kustoden mit Hilfe geistlicher Freunde
gewissenhaft Sorge tragen nach Maßgabe der Orte und
Zeiten und kalten Gegenden, wie sie sehen werden, daß
3 es der Not abhelfe; immer aber mit dem Vorbehalt, daß
sie, wie gesagt, nicht Münzen oder Geld annehmen.

[5. Kapitel]
Von der Art zu arbeiten

1 Jene Brüder, denen der Herr die Gnade zu arbeiten ge-
2 geben hat, sollen in Treue und Hingabe arbeiten, / so
zwar, daß sie den Müßiggang, welcher der Seele feind ist,
ausschließen, aber den Geist des heiligen Gebetes und der
Hingabe nicht auslöschen, dem das übrige Zeitliche dienen
3 muß. Was aber den Lohn der Arbeit angeht, so mögen
sie für sich und ihre Brüder das Nötige zum leiblichen
4 Unterhalt annehmen, außer Münzen oder Geld; und das
demütig, wie es Knechten Gottes und Anhängern der hei-
ligsten Armut geziemt.

[6. Kapitel]
Daß die Brüder nichts als ihr Eigentum erwerben dürfen, sowie vom Bitten um Almosen und von den kranken Brüdern

1 Die Brüder sollen sich nichts aneignen, weder Haus
2 noch Ort noch irgendeine Sache. Und gleichwie Pilger
und Fremdlinge (vgl. 1 Petr 2, 11) in dieser Welt, die dem
Herrn in Armut und Demut dienen, mögen sie voll Ver-
3 trauen um Almosen gehen; und sie dürfen sich nicht schä-
men, weil der Herr sich für uns in dieser Welt arm ge-
4 macht hat (vgl. 2 Kor 8, 9). Dies ist jene Erhabenheit der

---

[13] Wörtlich „Denare", die damals wichtigste Form des Münzgeldes.

Rede, weil der Herr auf Erden sein Wort kurz gefaßt hat (vgl. Röm 9, 28).

[10. Kapitel]
Von der Ermahnung und Zurechtweisung der Brüder

1 Die Brüder, die Minister und Diener der anderen Brü-
der sind, sollen ihre Brüder aufsuchen und ermahnen und
sie in Demut und Liebe zurechtweisen, ohne ihnen etwas
zu befehlen, was gegen ihre Seele und unsere Regel wäre.
2 Die Brüder aber, die Untergebene sind, sollen beherzigen,
daß sie um Gottes willen dem eigenen Willen entsagt haben.
3 Daher gebiete ich ihnen streng, daß sie ihren Ministern
in allem gehorchen, was sie zu halten dem Herrn ver-
sprochen haben und was nicht ihrer Seele und unserer
4 Regel zuwider ist. Und wo immer Brüder sind, die wüß-
ten und erkännten, daß sie die Regel nicht geistlich
beobachten können[16], sollen und können sie zu ihren Mi-
5 nistern Zuflucht nehmen. Die Minister aber sollen sie
liebevoll und gütig aufnehmen und ihnen mit so großer
Herzlichkeit[17] begegnen, daß sie mit ihnen reden und
6 tun können wie Herren mit ihren Knechten. Denn so soll
es sein, daß die Minister die Knechte aller Brüder sind.
7 Ich warne aber und ermahne im Herrn Jesus Christus,
daß die Brüder sich hüten mögen vor allem Stolz, eitler
Ruhmsucht, Neid, Habsucht (vgl. Lk 12, 15), der Sorge
und dem geschäftigen Treiben dieser Welt (vgl. Mt 13,
22), vor Ehrabschneiden und Murren; und die von den
Wissenschaften keine Kenntnis haben, sollen nicht danach
8 trachten, Wissenschaften zu erlernen. Sie sollen vielmehr
darauf achten, daß sie über alles verlangen müssen, zu
haben den Geist des Herrn und sein heiliges Wirken, /
9 immer zu Gott zu beten mit reinem Herzen, Demut zu
haben, Geduld in Verfolgung und Schwäche[18] und jene zu
lieben, die uns verfolgen und tadeln und beschuldigen; /
10 denn der Herr sagt: „Liebet eure Feinde und betet für
jene, welche euch verfolgen und verleumden" (vgl. Mt

---

[16] d. h. sie nicht dem Geist der Regel entsprechend leben können.

[17] Das lateinische „familiaritas" meint die Gesinnung, wie sie unter den Angehörigen einer Familie lebendig sein sollte.

[18] Vgl. oben BReg 3, 12.

11 5, 44). „Selig, die Verfolgung leiden um der Gerechtigkeit
12 willen, denn ihrer ist das Himmelreich" (Mt 5, 10). „Wer
aber ausharrt bis ans Ende, der wird gerettet werden"
(Mt 10, 22).

[11. Kapitel]
Daß die Brüder die Klöster der Nonnen nicht betreten sollen

1 Ich befehle streng allen Brüdern, keine Verdacht er-
regende Beziehungen oder Beratungen mit Frauen zu
2 haben und die Klöster der Nonnen nicht zu betreten,
jene Brüder ausgenommen, denen vom Apostolischen
3 Stuhl eine besondere Erlaubnis erteilt worden ist. Weder
sollen sie eine Patenstelle bei Männern oder Frauen über-
nehmen, noch entstehe bei solcher Gelegenheit unter den
Brüdern oder durch die Brüder ein Ärgernis.

[12. Kapitel]
Von denen, die unter die Sarazenen und andere Ungläubige gehen

1 Alle Brüder, die auf göttliche Eingebung hin unter die
Sarazenen oder andere Ungläubige gehen wollen, sollen
dazu von ihren Provinzialministern die Erlaubnis er-
2 bitten. Die Minister aber sollen nur denen die Erlaubnis
zu gehen erteilen, die sie tauglich finden, geschickt zu
3 werden. Außerdem befehle ich den Ministern im Gehor-
sam, vom Herrn Papst einen aus den Kardinälen der hei-
heiligen Römischen Kirche zu erbitten, der diese Brüder-
4 schaft lenke, in Schutz und in Zucht nehme, / auf daß
wir allezeit den Füßen dieser heiligen Kirche untertan
und unterworfen, feststehend im katholischen Glauben
(vgl. Kol 1, 23), die Armut und Demut und das heilige
Evangelium unseres Herrn Jesus Christus beobachten,
was wir fest versprochen haben[19].

[Keinem Menschen soll es nun gestattet sein, dieses Unser Bestätigungsschreiben anzufechten oder mit leichtfertigem Unterfangen dagegen anzukämpfen. Sollte aber je-

[19] Hier endet der Text der Regel; das Folgende ist der Schluß der Bulle.

mand sich herausnehmen, dies zu versuchen, so wisse er, daß er sich die Ungnade des allmächtigen Gottes und seiner heiligen Apostel Petrus und Paulus zuziehen wird. Gegeben im Lateran am 29. November im 8. Jahre Unseres Pontifikates[20].]

[20] d. h. 1223.

Nicht bullierte Regel[1] (NbReg)

Im Jahre 1209 bzw. 1210 legte Franziskus dem Papst Innozenz III. die erste Form seiner Ordensregel vor. Ihre Textgestalt ist heute nicht mehr bekannt. Mit dem Wachsen der Brüderschaft ergab sch die Notwendigkeit, die Entwicklung zu berücksichtigen durch Ergänzungen, Verbesserungen und Überarbeitungen des Regeltextes. Das geschah auf den Generalkapiteln. Das Generalkapitel des Jahres 1221 erstellte die Redaktion des uns bekannten Textes der nicht bullierten Regel.

[Prolog]

1 Im Namen des Vaters und des Sohnes und des Heili-
2 gen Geistes! Dies ist das Leben des Evangeliums Jesu
Christi, welches Bruder Franziskus vom Herrn Papst
Innozenz erbeten hat, daß es ihm gewährt und bestätigt
würde. Und dieser gewährte und bestätigte es ihm und
3 seinen Brüdern, den damaligen und den zukünftigen. Bru-
der Franziskus und wer immer das Haupt dieses Ordens
sein wird, soll Gehorsam und Ehrerbietung dem Herrn
4 Papst Innozenz und seinen Nachfolgern versprechen. Und
alle anderen Brüder sollen verpflichtet sein, dem Bruder
Franziskus und dessen Nachfolgern zu gehorchen.

[1. Kapitel
Daß die Brüder leben sollen ohne Eigentum und in Keuschheit und in Gehorsam]

1 Regel und Leben dieser Brüder ist dieses, nämlich zu
leben in Gehorsam, in Keuschheit und ohne Eigentum
und unseres Herrn Jesu Christi Lehre und Fußspuren zu
2 folgen, der sagt: „Wenn du vollkommen sein willst, dann
geh (Mt 19, 21) und verkaufe alles (vgl. Lk 18, 22), was
du hast, und gib es den Armen, und du wirst einen
Schatz im Himmel haben; und komm, folge mir nach"
3 (Mt 19, 21). „Wenn jemand mir nachfolgen will, ver-
leugne er sich selbst und nehme sein Kreuz auf sich und

---

[1] Der lateinische Titel lautet: „Regula non bullata" (Abkürzung: RegNB). Lateinische Ausgabe: *Eßer*, Die Opuscula, 373-404; *Eßer*, Opuscula, 239-294.

4 folge mir“ (Mt 16, 24). Ebenso: „Wenn jemand zu mir
kommen will und nicht Vater und Mutter und Frau und
Kinder und Brüder und Schwestern haßt, ja selbst sogar
sein eigenes Leben, kann er mein Jünger nicht sein“ (Lk
5 14, 26). Und: „Jeder, der Vater oder Mutter, Brüder oder
Schwestern, Frau oder Kinder, Häuser oder Äcker um
meinetwillen verläßt, wird Hundertfaches erhalten und
das ewige Leben besitzen“ (vgl. Mt 19, 29; Mk 10, 29;
Lk 18, 29).

[2. Kapitel
Von der Aufnahme und der Kleidung der Brüder]

1 Wenn jemand auf Gottes Eingebung hin dieses Leben
annehmen will und zu unseren Brüdern kommt, werde
2 er liebevoll von ihnen aufgenommen. Wenn er nun ent-
schlossen ist, unser Leben anzunehmen, sollen die Brüder
sich sehr hüten, sich in seine zeitlichen Angelegenheiten
einzumischen; vielmehr sollen sie ihn bei ihrem Minister
3 vorstellen, so schnell sie können. Der Minister aber nehme
ihn liebevoll auf und bestärke ihn und erkläre ihm sorg-
4 fältig die Eigenart unseres Lebens. Ist das geschehen, dann
soll der Genannte, wenn er will und vom Geist erfüllt es
ungehindert kann, all seine Habe verkaufen und das alles
5 unter die Armen zu verteilen suchen. Hüten sollen sich
die Brüder und der Minister der Brüder, daß sie sich in
6 keiner Weise in seine Angelegenheiten einmischen; und
sie sollen keinerlei Geld annehmen, weder er allein noch
7 durch eine Mittelsperson. Wenn die Brüder jedoch Mangel
leiden, können sie andere lebensnotwendige Dinge, Geld
ausgenommen, der Notlage wegen, wie andere Arme an-
8 nehmen. Und wenn er wieder zurückkommt, soll der
Minister ihm die Kleidung für die Probezeit auf ein Jahr
gewähren, nämlich zwei Habite ohne Kapuze und einen
Gürtelstrick und Hosen und einen Kaparon[2] bis zum
9 Gürtel. Ist aber Jahr und Frist der Probezeit beendet, soll
10 er zum Gehorsam angenommen werden. Danach soll es
ihm nicht erlaubt sein, in einen anderen Orden einzutre-
ten, noch „sich außerhalb des Gehorsams herumzutrei-
ben“, entsprechend der Anordnung des Herrn Papstes[3]

[2] Vgl. BReg 2, 9.
[3] Vgl. BReg 2, 12.

und gemäß dem Evangelium; denn „keiner, der die Hand
an den Pflug legt und rückwärts schaut, ist für das Reich
11 Gottes geeignet“ (Lk 9, 62). Wenn nun aber jemand
kommt, der seine Habe nicht ungehindert weggeben kann
und doch das vom Geist erfüllte Wollen hat, so soll er
12 seine Habe verlassen, und das genügt für ihn. Niemand
darf aufgenommen werden gegen Vorschrift und Anord-
nung der heiligen Kirche.

13 Die anderen Brüder aber, die den Gehorsam verspro-
chen haben, sollen einen Habit mit Kapuze und, wenn
es notwendig würde, einen anderen ohne Kapuze haben,
14 und auch den Gürtelstrick und die Hosen. Und alle Brü-
der sollen geringwertige Kleidung tragen und sollen sie mit
grobem Tuch und anderen Tuchstücken verstärken[4] kön-
nen mit Gottes Segen. Denn der Herr sagt im Evange-
lium: „Die kostbare Kleider tragen und üppig leben“ (Lk
7, 25) und „die sich weichlich kleiden, sind an den Höfen
15 der Könige“ (Mt 11, 8). Und mag man sie auch Heuchler
nennen, so sollen sie doch nicht aufhören, gut zu han-
deln, und sie sollen auch nicht nach teurer Kleidung ver-
langen in dieser Weltzeit, damit sie das Kleid im Him-
melreich erhalten können.

[3. Kapitel
Vom Göttlichen Offizium und vom Fasten]

1 Der Herr sagt: „Diese Art böser Geister kann nur
durch Fasten und Gebet ausgetrieben werden“ (vgl. Mk
2 9, 28). Und wiederum: „Wenn ihr fastet, dann werdet
nicht wie traurige Heuchler“ (Mt 6, 16).

3 Daher sollen alle Brüder, seien sie Kleriker[5] oder
Laien, das Göttliche Offizium[6], die Lobpreisungen und
4 Gebete, verrichten, wie sie es schuldig sind zu tun. Die
Kleriker sollen das Offizium verrichten und für Lebende
und Verstorbene beten, wie es bei den Klerikern üblich
5 ist. Und für Versagen und Nachlässigkeit der Brüder
sollen sie jeden Tag: „Erbarme dich meiner, Gott“ (Ps 50)
6 mit dem Vaterunser beten. Und für die verstorbenen

[4] Vgl. BReg 2, 16, Anmerkung 8.
[5] Vgl. BReg 3, 1, Anmerkung 9.
[6] Vgl. BReg 3, 1, Anmerkung 10.

Brüder sollen sie beten: „Aus der Tiefe“ (Ps 129) mit dem
7 Vaterunser. Und an Büchern sollen sie nur die zur Er-
8 füllung des Offiziums notwendigen haben[7] können. Und
auch den Laien, die den Psalter zu lesen verstehen, ihnen
9 soll es erlaubt sein, einen solchen zu haben. Den anderen
aber, die des Lesens unkundig sind, soll es nicht gestattet
10 sein, ein Buch zu haben. Die Laien sollen beten: „Ich
glaube an Gott“ und vierundzwanzig Vaterunser mit
„Ehre sei dem Vater“ für die Matutin; für die Laudes
aber fünf; für die Prim „Ich glaube an Gott“ und sieben
Vaterunser mit „Ehre sei dem Vater“; für die Terz, Sext
und Non, auch für jede einzelne Hore sieben; für die
Vesper zwölf; für die Komplet „Ich glaube an Gott“
und sieben Vaterunser mit „Ehre sei dem Vater“; für die
Verstorbenen sieben Vaterunser mit „Herr, gib ihnen die
ewige Ruhe“; und für Versagen und Nachlässigkeit der
11 Brüder jeden Tag drei Vaterunser. Und ebenso sollen alle
Brüder fasten vom Fest Allerheiligen bis Weihnachten
und von Epiphanie, als unser Herr Jesus Christus zu fa-
12 sten begann, bis Ostern. Zu anderen Zeiten aber sollen
13 sie diesem Leben[8] gemäß nicht zum Fasten gehalten sein,
außer am Freitag. Und es soll ihnen erlaubt sein nach
dem Evangelium, von allen Speisen zu essen, die ihnen
vorgesetzt werden (vgl. Lk 10, 8).

[4. Kapitel
Von den Ministern und den anderen Brüdern in ihrem Verhältnis zueinander]

1/2 Im Namen des Herrn! Alle Brüder, die als Minister
und Diener der anderen Brüder eingesetzt werden, sollen
die Brüder auf die Provinzen und Niederlassungen[9] ver-
teilen, in denen sie sein sollen. Und sie sollen die Brüder
3 oft aufsuchen und geistlich ermahnen und bestärken. Und
alle meine anderen gebenedeiten Brüder sollen ihnen

[7] Den Psalter lesen zu können, war damals der erste Schritt zur Bildung, weil der Psalter das Buch war, mit dem man das Lesen einübte.

[8] „Leben“ ist für Franziskus identisch mit „Regel“.

[9] Mit dem lateinischen Wort „locus“ ist nicht ein Kloster gemeint, sondern der „Ort“, wo die Brüder hausten, wo sie sich für kürzere oder längere Zeit „niederließen“.

sorgfältig gehorchen in den Dingen, welche das Heil der
Seele angehen und unserem Leben nicht zuwider sind.
4 Und sie sollen sich untereinander so benehmen, wie der
Herr sagt: „Alles, was ihr wünscht, daß es euch die Men-
5 schen tun, das tut auch ihr ihnen“ (Mt 7, 12); / ferner:
„Was du nicht willst, daß es dir geschehe, das tu keinem
anderen an“ (Tob 4, 16). Und die Minister und Diener
6 sollen eingedenk sein, daß der Herr sagt: „Ich bin nicht
gekommen, bedient zu werden, sondern zu dienen“ (Mt
20, 28), und daß ihnen die Sorge für die Seelen der Brü-
der anvertraut ist. Und sollte etwas[10] von diesen durch
ihre Schuld und ihr schlechtes Beispiel verlorengehen, so
werden sie am Tage des Gerichtes Rechenschaft ablegen
müssen (vgl. Mt 12, 36) vor dem Herrn Jesus Christus.

[5. Kapitel
Von der Zurechtweisung der Brüder bei Verfehlung]

1 Darum behütet eure und der Brüder Seelen; denn
„furchtbar ist es, in die Hände des lebendigen Gottes zu
2 fallen“ (Hebr 10, 31). Wenn aber ein Minister einem
Bruder etwas gegen unser Leben oder gegen dessen Seele
befehlen sollte, dann ist der Bruder nicht verpflichtet,
3 ihm zu gehorchen. Denn das ist nicht Gehorsam, wenn
dabei ein Vergehen oder eine Sünde begangen wird. Je-
doch sollen alle Brüder, die den Ministern und Dienern
unterstellt sind, mit verständiger Sorgfalt auf das achten,
4 was die Minister und Diener tun. Und wenn sie sehen,
daß einer von ihnen fleischlich wandelt und nicht geistlich,
wie es der Rechtheit unseres Lebens entspricht, und er
sich nach der dritten Ermahnung nicht bessert, dann
sollen sie, ohne sich durch irgendeinen Widerspruch ab-
bringen zu lassen, auf dem Pfingstkapitel dem Minister
und Diener der gesamten Brüderschaft Bericht erstatten.
5 Wenn sich aber irgendwo unter den Brüdern ein Bruder
fände, der fleischlich und nicht geistlich wandeln wollte,
dann sollen die Brüder, mit denen er zusammen ist, ihn
in Demut und Sorgfalt ermahnen, ihn aufmerksam ma-
6 chen und zur Rede stellen. Wenn nun jener sich nach drei-

[10] Im lateinischen Text steht „aliquid“, „etwas“ und *nicht* „aliquis“, „einer“.

maliger Ermahnung nicht bessern wollte, dann sollen sie
ihn so bald wie möglich zu seinem Minister und Diener
schicken oder ihn demselben anzeigen. Und der Minister
und Diener soll so mit ihm verfahren, wie er es vor Gott
am besten erachtet.
7 Und hüten sollen sich alle Brüder, sowohl die Minister
und Diener als auch die anderen, wegen der Sünde oder
der Übeltat eines anderen in Verwirrung oder Zorn zu
geraten. Denn der Teufel will durch die Sünde eines ein-
8 zelnen viele verderben. Vielmehr sollen sie, so gut sie
können, dem, der gesündigt hat, geistlichen Beistand lei-
sten; denn „nicht die Gesunden bedürfen des Arztes, son-
dern die Kranken“ (vgl. Mt 9, 12 mit Mk 2, 17).
9 Ebenso[11] soll hierbei kein Bruder eine Machtstellung
oder ein Herrscheramt innehaben, vor allem nicht unter
10 den Brüdern selbst. Denn wie der Herr im Evangelium
sagt: „Die Fürsten der Völker herrschen über diese, und
die die Größeren sind, üben Macht unter ihnen aus“ (Mt
20, 25), so soll es unter den Brüdern nicht sein (vgl. Mt
11 20, 26a). Und wer auch immer „der Größere unter ihnen
werden will, der sei ihr Diener“ (vgl. Mt 20, 26b) und
12 Knecht. Und wer der Größere unter ihnen ist, werde wie
der Geringere (vgl. Lk 22, 26).
13 Und kein Bruder soll einem anderen Böses tun oder
14 Böses sagen. Ja, vielmehr sollen sie durch die Liebe des
Geistes einander freiwillig dienen und gehorchen (vgl.
15 Gal 5, 13). Und das ist der wahre und heilige Gehorsam
16 unseres Herrn Jesus Christus. Und alle Brüder, sooft sie
„von den Geboten des Herrn abweichen“ und sich außer-
halb des Gehorsams herumtreiben, wie der Prophet sagt
(Ps 118, 21), sollen wissen, daß sie verflucht sind außer-
halb des Gehorsams, soweit[12] sie wissentlich in dieser
17 Sünde bleiben. Und wenn sie ausgeharrt haben in den
Geboten des Herrn, die sie um des heiligen Evangeliums
und ihres eigenen Lebens[13] willen versprochen haben,

[11] Das „Ebenso“ schließt an Vers 6 an! Dann hat auch das folgende „hierbei“ den richtigen Sinn.

[12] Das lateinische „quousque“ könnte zeitlich genommen werden: „solange sie wissentlich in dieser Sünde bleiben.“ Doch paßt zu Franziskus besser die räumliche Auffassung.

[13] „Leben“ ist hier wieder synonym mit „Regel“.

sollen sie wissen, daß sie im wahren Gehorsam verweilen und vom Herrn gesegnet sind.

[6. Kapitel
Von der Zufluchtnahme der Brüder bei den Ministern, und daß kein Bruder „Prior" genannt werden soll]

1 Wenn Brüder, an welchen Orten[14] auch immer sie sind,
unser Leben nicht beobachten können, sollen sie, so
schnell sie können, zu ihrem Minister Zuflucht nehmen
2 und ihm dies mitteilen. Der Minister aber bemühe sich,
so für sie zu sorgen, wie er selbst wünschte, daß ihm geschähe,
wenn er in einer ganz ähnlichen Lage wäre (vgl.
3 Mt 7, 12). Und keiner soll „Prior" genannt werden, sondern
alle sollen schlechthin „Mindere Brüder" heißen.
4 Und einer wasche des anderen Füße (vgl. Joh 13, 14).

[7. Kapitel
Von der Weise zu dienen und zu arbeiten]

1 Keiner der Brüder, an welchen Orten auch immer sie
bei anderen verweilen, um zu dienen oder zu arbeiten,
soll Kämmerer noch Kanzler[15] sein, noch überhaupt eine
leitende Stelle in den Häusern innehaben, in denen sie
dienen. Auch sollen sie kein Amt übernehmen, das Ärgernis
hervorrufen oder „ihrer Seele Schaden zufügen
2 würde" (vgl. Mk 8, 36). Sie sollen vielmehr die Minderen
und allen untergeben sein, die im gleichen Hause sind.
3 Und die Brüder, die arbeiten können, sollen arbeiten
und das Handwerk ausüben, das sie verstehen, wenn es
nicht gegen das Heil der Seele ist und ehrbar ausgeübt
4 werden kann. Denn der Prophet sagt: „Den Lohn der
Mühen deiner Hände wirst du genießen; glücklich bist
5 du, und es wird dir wohl ergehen" (Ps 127, 2). Und der
Apostel: „Wer nicht arbeiten will, soll nicht essen" (vgl.
6 2 Thess 3, 10). Und: „Jeder soll" bei dem Handwerk und
Dienst bleiben, „zu dem er berufen wurde" (vgl. 1 Kor 7,

---

[14] Vgl. oben Anmerkung 9.

[15] Die „Kämmerer" hatten immer mit Geld- und Vermögensverwaltung zu tun; mit „Kanzler" dürften Stadtschreiber und ähnliche Posten gemeint sein.

7 24). Und für die Arbeit können sie alles Notwendige an-
8 nehmen außer Geld. Und wenn es notwendig würde, mö-
9 gen sie um Almosen gehen wie andere Arme. Und es soll
ihnen erlaubt sein, Werkzeug und Geräte zu haben, das
für ihr Handwerk geeignet ist.
10 Alle Brüder „sollen sich bemühen, mit Eifer gute Werke
zu verrichten“[16], denn es steht geschrieben: „Sei immer
dabei, etwas Gutes zu tun, damit der Teufel dich be-
11 schäftigt finde“[17]. Und ebenso: „Müßiggang ist der Seele
12 Feind“[18]. Daher müssen die Knechte Gottes immer dem
13 Gebete oder irgendeiner guten Tätigkeit obliegen. Hüten
sollen sich die Brüder, wo auch immer sie in Einsiedeleien
oder an anderen Orten sind, daß sie einen Ort sich an-
14 eignen und einem anderen streitig machen[19]. Und mag zu
ihnen kommen, wer da will, Freund oder Feind, Dieb
15 oder Räuber, so soll er gütig aufgenommen werden. Und
wo immer die Brüder auch sind und an welchem Orte
sie sich treffen, müssen sie sich geistlich und aufmerksam
wiedersehen und „einander ohne Murren“ (1 Petr 4, 9)
16 ehren. Und sie mögen sich hüten, sich nach außen hin
traurig und wie düstere Heuchler zu zeigen; sie sollen
sich vielmehr als solche zeigen, „die sich im Herrn freuen“
(vgl. Phil 4, 4) und heiter und liebenswürdig sind, wie es
sich geziemt.

[8. Kapitel
Daß die Brüder kein Geld annehmen sollen]

1 Der Herr befiehlt im Evangelium: „Gebt acht, hütet
euch vor jeglicher Bosheit und Habsucht“ (vgl. Lk 12, 15);
2 und: „Seid auf der Hut vor dem geschäftigen Treiben die-
ser Welt und den Sorgen dieses Lebens“ (vgl. Lk 21, 34).
3 Darum soll kein Bruder, wo immer er auch sein mag
und wohin immer er geht, Geld oder Münzen auch nur
irgendwie aufheben oder annehmen oder annehmen las-

[16] *Gregor der Große,* XIII. Homilie zum Evangelium (PL 76, 1123). — Es ist weniger an „gute Werke“ im aszetischen Sinn zu denken; „Werk“ bedeutet Arbeit, Beschäftigung.

[17] *Hieronymus,* Brief 125, 11 (CSEL 56, 130).

[18] Regel des hl. *Benedikt,* Kapitel 48, 1.

[19] Vgl. dazu die Episode des Aufenthaltes der ersten Brüder bei Rivortorto (1 Celano 42-44).

sen, weder für Kleidung noch für Bücher noch als Lohn
für eine Arbeit, nein, unter keinem Vorwand, es sei denn
wegen der offenkundigen Notlage kranker Brüder; denn
Geld oder Münzen dürfen für uns keinen größeren Nut-
zen haben, und wir dürfen sie nicht höher schätzen als
4 Steine. Und jene will der Teufel verblenden, die nach ihm
[dem Geld] verlangen oder es für wertvoller als Steine
5 halten. Hüten wir uns also, die alles verlassen haben (vgl.
Mt 19, 27), daß wir nicht wegen etwas so Geringem das
6 Himmelreich verlieren. Und wenn wir irgendwo Münzen
finden sollten, wollen wir uns um sie nicht anders küm-
mern als um den Staub, den wir mit Füßen treten, denn
„es ist Eitelkeit der Eitelkeiten, und alles ist eitel“ (Pred
7 1, 2). Und sollte es doch vorkommen — was ferne sei —,
daß ein Bruder Geld oder Münzen sammelt oder hat —
ausgenommen allein die erwähnte Notlage der Kran-
ken —, dann wollen wir Brüder alle ihn für einen fal-
schen Bruder und Abtrünnigen und Dieb und Räuber
halten und für den, der den Geldbeutel hat[20] (vgl. Joh
8 12, 6), es sei denn, daß er aufrichtig Buße tue. Und unter
keinen Umständen dürfen die Brüder Geld als Almosen
und Münzen für irgendwelche Häuser oder Niederlassun-
gen annehmen oder annehmen lassen oder sammeln oder
sammeln lassen. Sie sollen auch niemand begleiten, der
für solche Niederlassungen Geld oder Münzen sammelt.
9 Andere Dienste aber, die unserem Leben nicht zuwider
sind, können die Brüder für die Niederlassungen mit dem
10 Segen Gottes tun. Bei einer offenkundigen Not von Aus-
sätzigen jedoch können die Brüder für sie Almosen sam-
11 meln. Doch sollen sie sich sehr vor dem Geld hüten.
12 Ebenso sollen alle Brüder es vermeiden, um eines schmut-
zigen Gewinnes willen durch die Lande zu ziehen.

[9. Kapitel
Vom Almosenbitten]

1 Alle Brüder sollen bestrebt sein, der Demut und Ar-
mut unseres Herrn Jesus Christus nachzufolgen. Und sie

---

[20] Der Verräter Judas.

sollen daran denken, daß wir, wie der Apostel sagt, von
der ganzen Welt nichts anderes nötig haben als „Nahrung
und Kleidung; damit sind wir zufrieden“ (vgl. 1 Tim
2 6, 8). Und sie müssen sich freuen, wenn sie mit gewöhn-
lichen und verachteten Leuten verkehren, mit Armen und
3 Schwachen und Aussätzigen und Bettlern am Wege. Und
wenn es notwendig wäre, mögen sie um Almosen gehen.
4 Und sie dürfen sich nicht schämen und sollen mehr daran
denken, daß unser Herr Jesus „Christus, der Sohn des
lebendigen Gottes“ (Joh 11, 27), des Allmächtigen, „sein
Antlitz wie den härtesten Felsen gemacht hat“ (Jes 50, 7)
5 und sich nicht geschämt hat. Und er ist arm gewesen und
ein Fremdling und hat von Almosen gelebt, er selbst und
6 die selige Jungfrau und seine Jünger. Und wenn ihnen
die Menschen Schmach antun würden und ihnen kein Al-
mosen geben wollten, dann sollen sie Gott dafür danken;
denn für die Schmach werden sie große Ehre vor dem
7 Richterstuhl unseres Herrn Jesus Christus erhalten. Und
sie sollen wissen, daß die Schmach nicht denen angerech-
net wird, die sie ertragen, sondern denen, die sie zu-
8 fügen. Und das Almosen ist das Erbe und der gerechte
Anteil, der den Armen zusteht, den unser Herr Jesus
9 Christus uns erworben hat. Und die Brüder, die sich ab-
mühen, es zu sammeln, werden großen Lohn erhalten und
lassen die Spender gewinnen und erwerben. Denn alles,
was die Menschen in der Welt zurücklassen werden, wird
vergehen, aber für die Wohltätigkeit und die Almosen,
die sie gegeben haben, werden sie Lohn vom Herrn er-
halten.

10 Und vertrauensvoll soll einer dem anderen seine Not
offenbaren, damit er ihm das Notwendige ausfindig ma-
11 che und verschaffe. Und jeder liebe und ernähre seinen
Bruder, wie eine Mutter ihren Sohn liebt und ernährt
(vgl. 1 Thess 2, 7); dabei wird Gott ihm[21] Gnade schenken.
12 Und „wer nicht ißt, soll den, der ißt, nicht richten“ (Röm
14, 3b).

13 Und wenn irgendeinmal Not über sie kommt, soll es
allen Brüdern, wo auch immer sie sein mögen, erlaubt

[21] Damit ist *der* Bruder, der seinen Bruder liebt und ernährt, gemeint.

sein, sich aller Speisen zu bedienen, die Menschen essen
können, wie der Herr von David sagt, der „die Schau-
brote aß" (vgl. Mt 12, 4), „welche niemand essen durfte
14 als nur die Priester" (Mk 2, 26). Und sie sollen beherzigen,
was der Herr sagt: „Achtet aber auf euch selbst, daß eure
Herzen nicht etwa durch Völlerei und Trunkenheit und
Sorgen dieses Lebens beschwert werden und jener Tag auf
15 euch unversehens hereinbreche; denn wie eine Schlinge
wird er über alle kommen, die den Erdkreis bewohnen"
16 (vgl. Lk 21, 34-35). Ebenso[22] dürfen auch alle Brüder mit
dem für sie Notwendigen in Zeit offenkundiger Not ver-
fahren, gleichwie ihnen der Herr die Gnade schenkt; denn
Not hat kein Gebot.

[10. Kapitel
Von den kranken Brüdern]

1 Wenn einer der Brüder schwer krank werden sollte[23],
mag er sein wo immer, dann sollen die anderen Brüder
ihn nicht verlassen, ohne einen oder, wenn notwendig,
mehrere Brüder bestimmt zu haben, die ihm dienen, wie
2 „sie selber bedient werden wollten" (vgl. Mt 7, 12). Im
äußersten Notfall jedoch können sie ihn einer Person an-
3 vertrauen, die sich seiner Krankheit annehmen soll. Und
ich bitte den kranken Bruder, er möge für alles dem
Schöpfer Dank sagen und er möge so zu sein verlangen,
wie der Herr ihn will, sei es gesund, sei es krank. Denn
alle, die Gott „zum ewigen Leben vorherbestimmt hat"
(vgl. Apg 13, 48), „die unterweist er durch die Stacheln
von Schlägen und Krankheiten und durch den Geist der
Reue", wie der Herr sagt: „Die ich liebe, die weise ich
4 zurecht und züchtige sie" (Offb 3, 19). Und wenn einer
verwirrt oder zornig wird, sei es gegen Gott, sei es gegen
die Brüder, oder wenn er vielleicht ungestüm Arzneien
fordern wird, da er zu sehr sein Fleisch zu befreien be-
gehrt, das bald sterben wird und ein Feind der Seele ist,

---

[22] Vers 16 schließt an Vers 13 an. Das Schriftzitat in den Versen 14-15 ist ein warnender Einschub, die in Vers 13 ausgesprochene Freiheit nicht zu mißbrauchen.
[23] Vgl. BReg 6, 9.

dann kommt ihm das vom Bösen, und er ist fleischlich und scheint nicht zu den Brüdern zu gehören, weil er den Leib mehr liebt als die Seele.

[11. Kapitel
Daß die Brüder nicht lästern und nicht verleumden, sondern sich gegenseitig lieben sollen]

1 Und alle Brüder sollen sich hüten, zu verleumden und
2 sich in Wortgezänk einzulassen (vgl. 2 Tim 2, 14); viel-
mehr sollen sie bemüht sein, Schweigen zu bewahren,
3 wann immer ihnen Gott die Gnade geben wird. Auch
sollen sie nicht untereinander oder mit anderen herum-
streiten, sondern bemüht sein, demütig zu antworten
und zu sagen: „Ich bin ein unnützer Knecht" (vgl. Lk
4 17, 10). Und sie sollen nicht zürnen, „weil jeder, der
seinem Bruder zürnt, dem Gerichte verfallen sein wird.
Wer zu seinem Bruder sagt: ‚Du Taugenichts', wird dem
Rate verfallen sein. Wer zu ihm sagt: ‚Du Narr', wird
5 der Feuerhölle verfallen sein" (Mt 5, 22). Und sie sollen
sich gegenseitig lieben, wie der Herr sagt: „Das ist mein
Gebot, daß ihr einander liebt, wie ich euch geliebt habe"
6 (Joh 15, 12). Und sie sollen die Liebe, die sie zueinander
haben, aus den Werken zeigen (vgl. Jak 2, 18), wie der
Apostel sagt: „Laßt uns nicht mit dem Wort und der
Zunge lieben, sondern in Tat und Wahrheit" (1 Joh 3,
7 18). Und „sie sollen niemanden lästern" (vgl. Tit 3, 2).
8 Sie sollen nicht murren, andere nicht verleumden, denn
es steht geschrieben: „Ohrenbläser und Verleumder sind
9 Gott verhaßt" (vgl. Röm 1, 29). Und sie seien bescheiden
„und sollen allen Menschen alle Sanftmut erweisen" (vgl.
10 Tit 3, 2). Sie sollen nicht richten, nicht verdammen.
11 Und wie der Herr sagt, sollen sie die geringsten Sünden
12 anderer nicht betrachten (vgl. Mt 7, 3; Lk 6, 41); viel-
mehr sollen sie mehr die eigenen „in der Bitterkeit ihrer
13 Seele überdenken" (Jes 38, 15). Und sie sollen sich bemü-
hen, „durch die enge Pforte einzutreten" (Lk 13, 24),
denn der Herr sagt: „Eng ist die Pforte und schmal der
Weg, der zum Leben führt; und nur wenige sind, die ihn
finden" (Mt 7, 14).

[12. Kapitel
Vom unlauteren Blick und Umgang mit Frauen]

1 Alle Brüder, wo immer sie auch sind und wohin sie
gehen, sollen sich in acht nehmen vor unlauterem Blick
2 und Umgang mit Frauen. Und keiner soll sich allein mit
ihnen beraten oder mit ihnen des Weges ziehen oder bei
3 Tisch mit ihnen aus einer Schüssel essen. Die Priester sol-
len ehrbar mit ihnen sprechen, wenn sie ihnen die Buße
auferlegen oder ihnen sonst einen geistlichen Rat geben.
4 Und auf keinen Fall darf eine Frau von einem Bruder in
ein Gehorsamsverhältnis aufgenommen werden, sondern
nachdem ihr ein geistlicher Rat erteilt worden ist, mag
5 sie Buße tun, wo sie will. Und wir wollen uns alle sehr
in acht nehmen und alle unsere Glieder rein bewahren,
denn der Herr sagt: „Wer eine Frau anschaut, um sie zu
begehren, hat schon in seinem Herzen Ehebruch an ihr
6 begangen“ (Mt 5, 28); und der Apostel: „Oder wißt ihr
nicht, daß eure Glieder ein Tempel des Heiligen Geistes
sind?“ (vgl. 1 Kor 6, 19). Wer daher „den Tempel Gottes
entweiht, den wird Gott vernichten“ (1 Kor 3, 17).

[13. Kapitel
Vom Meiden der Unzucht]

1 Wenn ein Bruder auf Anreiz des Teufels Unzucht trei-
ben sollte, dann soll man ihm den Habit ausziehen, den er
durch seine abscheuliche Freveltat verloren hat, und er
soll den Habit völlig ablegen und vollends aus unserem
2 Orden ausgestoßen werden. Und danach mag er Buße tun
für die Sünden (vgl. 1 Kor 5, 4-5).

[14. Kapitel
Wie die Brüder durch die Welt ziehen sollen]

1 Wenn die Brüder durch die Welt ziehen, sollen sie
nichts auf dem Weg mit sich führen, weder (vgl. Lk 9, 3)
Beutel (vgl. Lk 10, 4) „noch Tasche noch Brot noch Geld
2 (vgl. Lk 9, 3) noch Stab“ (vgl. Mt 10, 10). Und wenn sie
irgendein Haus betreten, sollen sie zuerst sagen: „Friede
3 diesem Hause!“ (vgl. Lk 10, 5). Und sie mögen in diesem

Hause bleiben und essen und trinken, „was es bei ihnen
4 gibt“ (vgl. Lk 10, 7). Sie sollen dem Bösen nicht wider-
stehen (vgl. Mt 5, 39), sondern wenn sie jemand auf die
eine Wange schlägt, sollen sie auch die andere hinhalten
5 (vgl. Mt 5, 39; Lk 6, 29). Und „wer ihnen das Kleid
wegnimmt, dem sollen sie auch das Hemd“ nicht ver-
6 weigern (vgl. Lk 6, 29). „Jedem, der sie um etwas bittet“,
sollen sie geben; „und wer das Ihrige wegnimmt“, von
dem sollen sie es nicht zurückfordern (vgl. Lk 6, 30).

[15. Kapitel
Daß die Brüder nicht reiten sollen]

1 Ich gebiete allen meinen Brüdern, Klerikern wie Laien,
mögen sie durch die Welt ziehen oder in Niederlassungen
weilen[24], auf keine Weise bei sich oder bei einem anderen
2 oder auf irgendeine andere Weise ein Tier zu halten. Es
soll ihnen auch nicht gestattet sein zu reiten, wenn sie
nicht durch Schwäche[25] oder große Not dazu gezwungen
sind.

[16. Kapitel
Von denen, die unter die Sarazenen
und andere Ungläubige gehen wollen]

1 Der Herr sagt: „Seht, ich sende euch wie Schafe mitten
2 unter Wölfe.“ Seid daher „klug wie Schlangen und ein-
3 fältig wie Tauben“ (Mt 10, 16). Daher soll jeder Bruder,
der unter die Sarazenen und andere Ungläubige gehen will,
mit der Erlaubnis seines Ministers und Dieners gehen.
4 Und der Minister soll ihnen ohne Widerspruch die Er-
laubnis geben, wenn er sieht, daß sie tauglich sind, ge-
schickt zu werden; denn er wird dem Herrn Rechenschaft
ablegen müssen (vgl. Lk 16, 2), wenn er hierin oder in
5 anderen Dingen unüberlegt[26] vorgegangen ist. Die Brüder

---

[24] Von ungefähr 1220 an begann im Orden der Prozeß des Seßhaftwerdens. Hier sind schon zwei Klassen von Brüdern unterschieden: die durch die Welt ziehen und diejenigen, welche in Niederlassungen leben.

[25] Vgl. BReg 3, 12.

[26] „indiscrete“: ohne die nötge Unterscheidungsgabe; vgl. unten 17, 2.

aber, die hinausziehen, können in zweifacher Weise unter
6 ihnen geistlich wandeln. Eine Art besteht darin, daß sie
weder Zank noch Streit beginnen, sondern „um Gottes
willen jeder menschlichen Kreatur" (1 Petr 2, 13) unter-
7 tan sind und bekennen, daß sie Christen sind. Die andere
Art ist die, daß sie, wenn sie sehen, daß es dem Herrn ge-
fällt, das Wort Gottes verkünden: sie sollen glauben an
den allmächtigen Gott, den Vater und den Sohn und den
Heiligen Geist, den Schöpfer aller Dinge, an den Sohn,
den Erlöser und Retter, und sie sollen sich taufen lassen
und Christen werden; denn „wenn jemand nicht wieder-
geboren wird aus dem Wasser und dem Heiligen Geiste,
kann er nicht in das Reich Gottes eingehen" (vgl. Joh
3, 5).

8 Dieses und anderes, was dem Herrn wohlgefällig ist,
können sie ihnen und anderen sagen, denn der Herr sagt
im Evangelium: „Jeder, der mich vor den Menschen be-
kennen wird, den werde auch ich vor meinem Vater be-
9 kennen, der im Himmel ist" (Mt 10, 32). Und: „Wer sich
meiner und meiner Worte schämt, dessen wird sich auch
der Menschensohn schämen, wenn er in seiner und des
Vaters und der Engel Herrlichkeit kommen wird" (vgl.
Lk 9, 26).

10 Und alle Brüder, wo auch immer sie sind, sollen be-
denken, daß sie sich dem Herrn Jesus Christus übergeben
11 und ihm ihre Leiber überlassen haben. Und um seiner
Liebe willen müssen sie sich den sichtbaren wie den un-
sichtbaren Feinden aussetzen; denn der Herr sagt: „Wer
sein Leben um meinetwillen verliert, wird es retten" (vgl.
12 Lk 9, 24) „zum ewigen Leben" (Mt 25, 46). „Selig, die
Verfolgung leiden um der Gerechtigkeit willen, denn
13 ihrer ist das Himmelreich" (Mt 5, 10). „Wenn sie mich
verfolgt haben, werden sie auch euch verfolgen" (Joh
14 15, 20). Wenn sie „euch in einer Stadt verfolgen, flieht
15 in eine andere" (vgl. Mt 10, 23). „Selig seid ihr (Mt 5, 11),
wenn euch die Menschen hassen (Lk 6, 22) und euch
schmähen und verfolgen (vgl. Mt 5, 11) und euch aussto-
ßen und verhöhnen und euren Namen als bös verwerfen
(Lk 6, 22) und wenn sie euch alles Schlechte fälschlich
16 nachsagen um meinetwillen (Mt 5, 11). Freut euch an
jenem Tage und frohlocket (Lk 6, 23), denn reich ist euer

17 Lohn im Himmel“ (vgl. Mt 5, 12). Und ich sage „euch,
meinen Freunden: Laßt euch von diesen nicht erschrek-
18 ken (vgl. Lk 12, 4) / und fürchtet jene nicht, die den Leib
töten“ (Mt 10, 28) „und darüber hinaus nichts haben, was
19 sie tun könnten“ (Lk 12, 4). „Seht zu, daß ihr nicht in
20 Verwirrung geratet“ (Mt 24, 6). Denn in eurer Geduld
21 werdet ihr eure Seelen besitzen (Lk 21, 19). Und „wer
ausharrt bis ans Ende, der wird gerettet werden“ (Mt
10, 22; 24, 13).

[17. Kapitel
Von den Predigern]

1 Kein Bruder soll predigen gegen Vorschrift und An-
ordnung der heiligen Kirche und nur, wenn es ihm von
2 seinem Minister erlaubt ist. Und der Minister möge sich
hüten, jemandem unüberlegt[27] die Erlaubnis zu erteilen.
3 Alle Brüder sollen jedoch durch die Werke predigen.
4 Und kein Minister oder Prediger soll das Amt des Mini-
sters der Brüder oder das Predigtamt sich aneignen, son-
dern zu jeder Stunde, wenn es ihm befohlen wird, soll er
ohne jeden Widerspruch auf sein Amt verzichten.
5 Daher bitte ich in der Liebe, die Gott ist (vgl. 1 Joh
4, 16), alle meine Brüder, die predigen, beten, arbeiten, so-
wohl die Kleriker wie die Laien, daß sie danach trachten,
sich in allem zu verdemütigen, sich nicht zu rühmen, we-
6 der selbstgefällig zu sein, noch innerlich sich zu erheben
wegen guter Worte und Werke, überhaupt über gar nichts
Gutes, das Gott bisweilen in ihnen und durch sie tut oder
spricht und wirkt gemäß dem Wort des Herrn: „Doch
freut euch nicht darüber, daß euch die Geister unterwor-
7 fen sind“ (Lk 10, 20). Und wir sollen fest überzeugt sein,
8 daß nur Laster und Sünden zu uns gehören. Und wir
müssen uns mehr freuen, „wenn wir in mancherlei Versu-
chungen geraten“ sollten (vgl. Jak 1, 2) und wenn wir in
dieser Welt um des ewigen Lebens willen vielerlei Ängste
und Trübsale an Seele und Leib ertragen sollten.
9 Darum sollen wir Brüder uns alle hüten vor allem
10 Stolz und eitler Ruhmsucht. Und wir wollen uns in acht
nehmen vor der Weisheit dieser Welt und vor „der Klug-

[27] Vgl. Anmerkung 26.

11 heit des Fleisches“ (Röm 8, 6). Denn der Geist des Flei-
sches drängt und treibt sehr an, Worte zu machen, wenig
12 aber zum Wirken. Und er sucht nicht Frömmigkeit und
Heiligkeit in der Innerlichkeit des Geistes, sondern will
und ersehnt, eine Frömmigkeit und Heiligkeit zu haben,
13 die nach außen hin den Menschen etwas vormacht. Und
das sind jene, von denen der Herr sagt: „Wahrlich, ich
sage euch, sie haben ihren Lohn empfangen“ (Mt 6, 2).
14 Der Geist des Herrn aber will, daß das Fleisch abgetötet
15 und verachtet, niedrig und verächtlich sei. Und er treibt
an zu Demut und Geduld und zu dem reinen und einfäl-
16 tigen und wahren Frieden des Geistes. Und über alles er-
sehnt er stets die Furcht Gottes und die Weisheit Gottes
und die Liebe Gottes, des Vaters und des Sohnes und des
Heiligen Geistes.

17 Und alles Gute wollen wir dem Herrn, dem erhaben-
sten und höchsten Gott, zurückerstatten und alles Gute
als sein Eigentum anerkennen und ihm für alles Dank
18 sagen, „von dem alles Gute herkommt“[28]. Und er, der
erhabenste und höchste, der einzige wahre Gott, möge er-
halten, und ihm sollen erwiesen werden, und er möge
empfangen alle Ehren und Ehrerweisungen, alle Lobprei-
sungen und Benedeiungen, allen Dank und alle Herrlich-
keit, er, dem jegliches Gute gehört, der allein gut ist (vgl.
Lk 18, 19).

19 Und wenn wir sehen oder hören, [daß Menschen][29]
Böses sagen oder tun oder Gott lästern, dann wollen wir
Gutes sagen und Gutes tun und Gott loben (vgl. Röm 12,
21), „der gepriesen ist in Ewigkeit“ (Röm 1, 25).

[18. Kapitel
Wie die Minister zusammenkommen sollen][30]

1 Alljährlich kann jeder Minister mit seinen Brüdern am
Feste des heiligen Erzengels Michael zusammenkommen,

[28] Vgl. das Tagesgebet am 5. Sonntag nach Ostern im alten Missale und Brevier (jetzt 10. Jahressonntag).

[29] Das Subjekt „Menschen“ fehlt im Originaltext und muß im Deutschen ergänzt werden.

[30] Dieses Kapitel wurde erst auf dem Pfingstkapitel 1221 erlassen. Dadurch wurde der alte Brauch, daß alle Brüder, selbst die Novizen, am Pfingstkapitel teilnehmen, abgeschafft (vgl. *Eßer*, Die Opuscula, 402).

wo nur immer es ihnen beliebt, um das zu behandeln, was
2 sich auf Gott bezieht. Alle Minister nämlich, die in den Gebieten jenseits des Meeres und jenseits der Alpen sind, sollen einmal in drei Jahren und die anderen Minister einmal im Jahr zum Pfingstkapitel bei der Kirche der heiligen Maria von Portiunkula kommen, wenn es nicht vom Minister und Diener der gesamten Brüderschaft anders angeordnet würde.

[19. Kapitel
Daß die Brüder katholisch leben sollen]

1 Alle Brüder sollen katholisch sein, katholisch leben und
2 reden. Wenn aber einer in Wort oder Werk vom katholischen Glauben und Leben abirren sollte und sich nicht bessern würde, soll er aus unserer Brüderschaft gänzlich
3 ausgestoßen werden. Und alle Kleriker[31] und alle Ordensleute sollen wir als Herren betrachten in den Dingen, die das Heil der Seele angehen und nicht von unserem Orden abweichen. Und ihrer Weihe und ihrem Amt und Dienst wollen wir im Herrn Ehrfurcht erweisen.

[20. Kapitel
Von der Buße und dem Empfang des Leibes und Blutes unseres Herrn Jesus Christus]

1 Und meine gebenedeiten Brüder, seien sie Kleriker oder Laien, sollen ihre Sünden Priestern unseres Ordens beich-
2 ten. Und wenn sie das nicht können, mögen sie bei anderen besonnenen und katholischen Priestern beichten; dabei sollen sie fest wissen und beachten: von welchen katholischen Priestern auch immer sie Buße und Lossprechung erhalten haben, sie sind ohne Zweifel von diesen Sünden losgesprochen, wenn sie sich bemüht haben, die ihnen auferlegte Buße demütig und getreu zu verrichten.
3 Wenn sie aber gerade keinen Priester haben können, mögen sie ihrem Bruder beichten, wie der Apostel Jakobus
4 sagt: „Bekennt einander eure Sünden“ (Jak 5, 16). Doch dürfen sie deswegen nicht unterlassen, sich an einen Prie-

---

[31] Gemeint sind die Seelsorgsgeistlichen.

ster zu wenden, weil die Binde- und Lösegewalt allein den
5 Priestern übertragen ist. Und nach solcher Reue und
Beichte sollen sie den Leib und das Blut unseres Herrn
Jesus Christus mit großer Demut und Verehrung emp-
fangen, eingedenk, daß der Herr sagt: „Wer mein Fleisch
ißt und mein Blut trinkt, hat das ewige Leben“ (vgl. Joh
6 6, 55); und: „Tut dies zu meinem Gedächtnis“ (Lk 22, 19).

[21. Kapitel
Von der Lob- und Mahnrede, die alle Brüder halten können]

1 Und diese oder eine ähnliche Mahn- und Lobrede kön-
nen alle meine Brüder mit Gottes Segen bei allen Leuten
2 halten, wann immer sie es für gut finden: Fürchtet und
ehret, lobet und benedeiet, „saget Dank“ (1 Thess 5, 18)
und betet an den Herrn, den allmächtigen Gott in der
Dreifaltigkeit und Einheit, den Vater und den Sohn und
3 den Heiligen Geist, den Schöpfer aller Wesen. Tut Buße
(vgl. Mt 3, 2), bringt würdige Früchte der Buße (vgl. Lk
4 3, 8), denn wir werden bald sterben. „Gebt, und es wird
5 euch gegeben werden“ (Lk 6, 38). „Vergebt, und es wird
6 euch vergeben werden“ (vgl. Lk 6, 37). „Und wenn ihr
den Menschen ihre Sünden nicht vergebt“ (Mt 6, 14), wird
der Herr „euch eure Sünden nicht vergeben“ (Mk 11, 25).
7 Bekennt alle eure Sünden (vgl. Jak 5, 16). Selig, die in
8 Buße sterben, denn sie werden im Himmelreich sein. Wehe
jenen, die nicht in Buße sterben, denn sie werden „Kinder
des Teufels“ (1 Joh 3, 10) sein, dessen Werke sie tun (vgl.
Joh 8, 41), und sie werden „in das ewige Feuer“ kommen
9 (Mt 18, 8; 25, 41). Nehmt euch in acht und hütet euch
vor allem Bösen und harret aus im Guten bis ans Ende.

[22. Kapitel
Von der Ermahnung der Brüder]

1 Geben wir acht, wir Brüder alle, was der Herr sagt:
„Liebet eure Feinde und tut denen Gutes, die euch has-
2 sen“ (vgl. Mt 5, 44 par.); denn unser Herr Jesus Christus,
dessen Fußspuren wir folgen müssen (vgl. 1 Petr 2, 21),
hat seinen Verräter Freund genannt (vgl. Mt 26, 50) und

3 sich freiwillig denen überliefert, die ihn kreuzigten. Dar-
um sind alle jene unsere Freunde, die uns ungerechter-
weise Drangsal und Ängste, Schmach und Unrecht,
4 Schmerzen und Qualen, Marter und Tod antun; und
diese müssen wir sehr lieben, weil wir für das, was sie uns
antun, das ewige Leben erlangen.

5 Und hassen wollen wir unseren Leib mit seinen La-
stern und Sünden; denn durch ein fleischliches Leben will
der Teufel uns die Liebe Jesu Christi und das ewige Le-
ben rauben und sich selbst mit allen in die Hölle stürzen.
6 Denn durch unsere Schuld sind wir abscheulich[32], erbärm-
lich und dem Guten zuwider, zum Bösen aber bereit und
7 willig, weil, wie der Herr im Evangelium sagt, / „aus
dem Herzen hervorkommen und ausgehen: böse Gedan-
ken, Ehebrüche, Unzucht, Mordtaten, Diebstähle, Hab-
sucht, Bosheit, Arglist, Schamlosigkeit, Scheelsucht, fal-
sche Zeugnisse, Gotteslästernug, Torheit“ (vgl. Mk 7, 21-
8 22; Mt 15, 19). „All dies Böse kommt von innen aus dem
Herzen des Menschen“ (vgl. Mk 7, 23), „und dies ist es,
was den Menschen unrein macht“ (Mt 15, 20).

9 Jetzt aber, nachdem wir die Welt verlassen haben, sind
wir verpflichtet, nichts anderes zu tun, als dem Willen des
10 Herrn zu folgen und ihm allein zu gefallen. Wir wollen
uns sorgfältig davor hüten, Erdreich am Wege zu sein
oder steiniges oder dornenbewachsenes Erdreich, gemäß
11 dem, was der Herr im Evangelium sagt: „Der Same ist
12 das Wort Gottes[33]. / Was aber an den Weg hinfiel und
zertreten wurde[34], das sind jene, die das Wort hören[35] und
13 nicht verstehen[36]; und sofort[37] kommt der Teufel[38] und

---

[32] Vgl. Fragmente ... Anmerkung 3.

[33] Lk 8, 11. — Weil im folgenden Abschnitt bis einschließlich Vers 18 kurze Zitate aus den drei synoptischen Evangelien gemischt aufeinanderfolgen, werden die Hinweise auf die Heilige Schrift in die Anmerkungen gesetzt, um die Lesbarkeit durch die zahlreichen Fundstellen nicht zu erschweren. — Allgemein läßt sich sagen, daß diesem Text (Vers 11-18) Lk 8, 11a-15 zugrundeliegt, der dann mit Teilen aus Mk 4, 14-20 und Mt 13, 19-23 aufgefüllt wird. Der Anfang von Vers 12 stammt aus Lk 8, 5.

[34] Vgl. Lk 8, 5.

[35] Lk 8, 12.

[36] Vgl. Mt 13, 19.

[37] Mk 4, 15.

[38] Lk 8, 12.

raubt[39], was in ihre Herzen gesät ist[40], und nimmt das
Wort aus ihren Herzen, damit sie nicht glauben und ge-
14 rettet werden[41]. Was aber auf steiniges Erdreich fiel[42], das
sind jene, die, wenn sie das Wort gehört haben, es sofort
15 mit Freude[43] aufnehmen[44]. Kommen aber um des Wortes
willen Trübsal und Verfolgung, so nehmen sie sofort An-
stoß[45]; und diese haben keine Wurzel in sich, sondern sind
unbeständig[46], weil sie eine Zeitlang glauben und in der
16 Zeit der Versuchung abfallen[47]. Was aber in die Dornen fiel,
das sind jene[48], die das Wort Gottes hören[49]; und das ge-
schäftige Treiben[50] und die Sorgen[51] dieser Welt und der
Trug des Reichtums[52] und die Begierden nach den übrigen
Dingen schleichen sich ein und ersticken das Wort, und
17 sie bleiben ohne Frucht[53]. Was aber in gutes Erdreich[54]
gesät ist[55], das sind jene, die mit gutem und bestem Her-
zen das Wort hören[56], es verstehen und[57] festhalten und
18 Frucht bringen in Beharrlichkeit“[58]. Und darum wollen
wir Brüder, wie der Herr sagt, „die Toten ihre Toten be-
graben lassen“[59].

19 Und wir wollen uns sehr hüten vor der Bosheit und
Durchtriebenheit Satans, der will, daß der Mensch seinen
20 Sinn und sein Herz nicht bei Gott habe. Und er geht
umher und möchte das Herz des Menschen durch den
Blick auf eine Belohnung oder eine Hilfe rauben und das
Wort und die Weisungen des Herrn im Gedächtnis er-
sticken. Und er will durch weltliche Geschäfte und Sorgen
das Herz des Menschen blind machen und darin Wohnung
21 nehmen, wie der Herr sagt: „Wenn der unreine Geist von
einem Menschen ausgefahren ist, schweift er durch öde
(Mt 12, 43) und wasserlose Orte, Ruhe suchend; und da
22 er sie nicht findet, spricht er: Ich will in mein Haus zu-

[39] Mt 13, 19.
[40] Mk 4, 15.
[41] Lk 8, 12.
[42] Vgl. Mt 13, 20.
[43] Mk 4, 16.
[44] Lk 8, 13.
[45] Mt 13, 21.
[46] Vgl. Mk 4, 17.
[47] Lk 8, 13.
[48] Lk 8, 14
[49] Vgl. Mk 4, 18.
[50] Mt 13, 22.
[51] Mk 4, 19.
[52] Mt 13, 22.
[53] Vgl. Mk 4, 19.
[54] Lk 8, 15
[55] Mt 13, 22.
[56] Lk 8, 15.
[57] Vgl. Mt. 13, 23.
[58] Lk 8, 15.
[59] Mt 8, 22.

rückkehren, von dem ich ausgegangen bin (Lk 11, 24).
23 Und er kommt und findet es leer, mit Besen gesäubert
24 und geschmückt (Mt 12, 44). Und er geht hin und
nimmt noch sieben andere Geister hinzu, die schlimmer
sind als er selbst; und sie ziehen ein und wohnen darin,
und die letzten Dinge dieses Menschen sind ärger als die
ersten“ (vgl. Lk 11, 26).

25 Darum, ihr Brüder alle, wollen wir uns sehr davor
hüten, daß wir nicht durch den Blick auf eine Belohnung
oder ein Werk oder eine Hilfe unsere Seele und das Herz
26 verlieren oder vom Herrn abwenden. Vielmehr bitte ich
in der heiligen Liebe, die Gott ist (vgl. 1 Joh 4, 16), daß
alle Brüder, sowohl die Minister als auch die anderen, sich
mühen, alle Hindernisse zu beseitigen und alle Sorge und
Besorgnis hintanzustellen, und, wie nur immer sie besser
können, mit geläutertem Herzen und reinem Sinn Gott
dem Herrn zu dienen, ihn zu lieben, zu ehren und anzu-
27 beten; und dies sucht er selbst über alle Maßen. Und im-
mer wollen wir ihm dort Wohnung und Bleibe bereiten
(vgl. Joh 14, 23), der da ist der Herr, der allmächtige
Gott, der Vater und der Sohn und der Heilige Geist, der
sagt: „Seid daher allezeit wachsam im Gebet, damit ihr
würdig befunden werdet, allem Unheil, das kommen
wird, zu entgehen und vor dem Menschensohn zu ste-
28 hen“ (Lk 21, 36). „Und wenn ihr steht zum Gebete (Mk
11, 25), dann sprecht (Lk 11, 2): Vater unser, der du bist
29 in den Himmeln“ (Mt 6, 9). Und wir wollen ihn anbeten
mit reinem Herzen, „denn man muß immer beten und
30 nicht nachlassen“ (Lk 18, 1); „denn der Vater sucht sol-
31 che“ Anbeter. „Gott ist ein Geist, und die ihn anbeten,
müssen ihn im Geist und in der Wahrheit anbeten“ (vgl.
32 Joh 4, 23-24). Und zu ihm wollen wir unsere Zuflucht
nehmen so wie „zum Hirten und Bischof unserer Seelen“
(1 Petr 2, 25), der sagt: „Ich bin der gute Hirt, der ich
meine Schafe weide und mein Leben für meine Schafe
33/34 gebe“[60]. „Ihr alle seid Brüder. Und laßt euch nicht Va-
ter nennen auf Erden, einer nur ist nämlich euer Vater,
35 der im Himmel ist. Und laßt euch auch nicht Meister

[60] Antiphon zum Magnificat der II. Vesper am 2. Sonntag nach Ostern im Breviarium Romanum. — Vgl. Joh. 10, 14a. 15b.

nennen"; denn nur einer ist euer Meister, der im Himmel
36 ist (vgl. Mt 23, 8-10). „Wenn ihr in mir bleibt und meine
Worte in euch bleiben, dann mögt ihr erbitten, was immer ihr wollt, und es wird euch zuteil werden" (Joh
37 15, 7). „Überall, wo zwei oder drei in meinem Namen
versammelt sind, da bin ich mitten unter ihnen" (Mt
38 18, 20). „Seht, ich bin bei euch bis zur Vollendung der
39 Welt" (Mt 28, 20). „Die Worte, die ich zu euch gesprochen
40 habe, sind Geist und Leben" (Jo 6, 64). „Ich bin der Weg,
die Wahrheit und das Leben" (Joh 14, 6).

41 Laßt uns also die Worte, das Leben und die Lehre und das heilige Evangelium dessen festhalten, der sich herabgelassen hat, für uns seinen Vater zu bitten und uns seinen Namen kundzutun, indem er sprach: „Vater, verherrliche deinen Namen" (Joh 12, 28a) und „verherrliche deinen Sohn, damit dein Sohn dich verherrliche" (Joh 17, 1b).
42 Vater, „ich habe deinen Namen den Menschen kundgetan,
die du mir gegeben hast" (Joh 17, 6). „Ich habe die Worte, die du mir gegeben hast, ihnen gegeben. Und sie haben sie angenommen und haben erkannt, daß ich von dir ausgegangen bin, und haben geglaubt, daß du mich ge-
43/44 sandt hast. Ich bitte für sie, nicht für die Welt, / sondern für die, welche du mir gegeben hast, denn sie sind
45 dein, und all das Meine ist dein" (Joh 17, 8-10). „Heiliger
Vater, bewahre sie in deinem Namen, die du mir gegeben hast, damit sie eins seien wie auch wir" (Joh 17, 11b).
46 „Dies sage ich in der Welt, damit sie die Freude in sich
47 selber haben. Ich habe ihnen dein Wort anvertraut; aber
die Welt hat sie gehaßt, weil sie nicht von der Welt sind,
48 wie auch ich nicht von der Welt bin. Ich bitte nicht, du
mögest sie aus der Welt herausnehmen, sondern du mö-
49 gest sie vor dem Bösen bewahren" (Joh 17, 13b-15). Ver-
50 herrliche „sie in der Wahrheit. Dein Wort ist Wahrheit.
51 Wie du mich in die Welt gesandt hast, habe auch ich sie
52 in die Welt gesandt. Und für sie weihe ich mich selbst,
53 damit sie in Wahrheit geweiht seien. Nicht für sie allein
bitte ich, sondern für jene, die auf ihr Wort hin an mich glauben werden (vgl. Joh 17, 17-20), damit sie vollkommen eins seien und die Welt erkenne, daß du mich gesandt und sie geliebt hast, wie du mich geliebt hast" (Joh 17,
54 23). „Und ich will ihnen deinen Namen kundtun, damit

die Liebe, mit der du mich geliebt hast, in ihnen sei und
55 ich in ihnen“ (vgl. Joh 17, 26). „Vater, ich will, daß, wo
ich bin, auch die bei mir seien, die du mir gegeben hast,
damit sie deine Herrlichkeit schauen (Joh 17, 24) in dei-
nem Reiche“ (Mt 20, 21). Amen.

[23. Kapitel
Gebet und Danksagung]

1 Allmächtiger, heiligster, erhabenster, höchster Gott,
heiliger und gerechter Vater (Joh 17, 11). Herr, König
„des Himmels und der Erde“ (vgl. Mt 11, 25), wir sagen
dir Dank um deiner selbst willen, weil du durch deinen
heiligen Willen und durch deinen einzigen Sohn mit dem
Heiligen Geiste alles Geistige und Körperliche geschaffen
und uns, geformt „nach deinem Bild und deiner Ähnlich-
keit, ins Paradies gestellt hast“ (vgl. Gen 1, 26; 2, 15).
2/3 Und durch unsere eigene Schuld sind wir gefallen. Und
wir sagen dir Dank, weil du, gleichwie du uns durch dei-
nen Sohn erschaffen hast, so durch deine heilige Liebe,
„mit der du uns geliebt hast“ (vgl. Joh 17, 26), ihn selbst
als wahren Gott und wahren Menschen aus der glorrei-
chen, allerseligsten, immerwährenden Jungfrau, der heili-
gen Maria, hast geboren werden lassen, und weil du durch
sein Kreuz und sein Blut und seinen Tod uns, die gefan-
4 gen waren, hast erlösen wollen. Und wir sagen dir Dank,
weil er, dein Sohn, kommen wird in der Herrlichkeit
seiner Majestät, um die Verdammten, die nicht Buße ge-
tan und dich nicht erkannt haben, ins ewige Feuer zu
stürzen, und um allen, die dich erkannt und angebetet
und dir in Buße gedient haben, zu sagen: „Kommt, ihr
Gesegneten meines Vaters, nehmt das Reich in Besitz, das
euch bereitet ist vom Anbeginn der Welt“ (vgl. Mt
25, 34).

5 Und da wir Elenden und Sünder allesamt nicht würdig
sind, dich zu nennen, so bitten wir flehentlich, unser
Herr Jesus Christus, dein geliebter Sohn, „an dem du dein
Wohlgefallen hast“ (vgl. Mt 17, 5), möge mit dem Heili-
gen Geiste, dem Tröster, dir für alles Dank sagen, wie
es dir und ihm gefällt; er ist es ja, der dir stets für alles

zur Genüge ist, durch den du uns so viel gegeben hast. Alleluja.

6 Und die glorreiche, allerseligste, allzeit jungfräuliche Mutter Maria, die seligen Michael, Gabriel und Raphael und alle Chöre der seligen Seraphim, Cherubim, Thronen, Herrschaften, Fürstentümer, Gewalten (vgl. Kol 1, 15), Mächte, Engel, Erzengel, den seligen Johannes den Täufer, Johannes den Evangelisten, Petrus, Paulus und die seligen Patriarchen, die Propheten, die Unschuldigen Kinder, die Apostel, Evangelisten, Jünger, Märtyrer, Bekenner, Jungfrauen, die seligen Elias und Henoch und alle Heiligen, die waren und sein werden und sind, bitten wir um deiner Liebe willen in Demut, daß sie so, wie es dir gefällt, für all das Dank sagen dir, dem höchsten, wahren Gott, dem ewigen und lebendigen, mit deinem vielgeliebten Sohn, unserem Herrn Jesus Christus und dem Heiligen Geiste, dem Tröster, „von Ewigkeit zu Ewigkeit“ (Offb 19, 3). Amen. Alleluja (Offb 19, 4).

7 Und alle, die in der heiligen, katholischen und apostolischen Kirche Gott dem Herrn dienen wollen, und alle folgenden Stände: die Priester, Diakone, Subdiakone, Akolythen, Exorzisten, Lektoren, Ostiarier und alle Kleriker, alle Ordensmänner und Ordensfrauen, alle Konversen[61] und Kinder[62], die Armen und Notleidenden, die Könige und Fürsten, die Arbeiter und Bauern, die Knechte und die Herren, alle Jungfrauen, sowohl die Enthaltsamen, wie die verheirateten Frauen, die Laien, Männer und Frauen, alle Unmündigen, Heranwachsenden, Erwachsenen und Greise, Gesunde und Kranke, alle Kleinen und Großen und alle Völker, Geschlechter, Stämme und Sprachen (vgl. Offb 7, 9), alle Nationen und alle Menschen wo nur immer auf Erden, die sind und sein werden, bitten wir Minderen Brüder alle, „wir unnützen Knechte“ (Lk 17, 10), demütig und flehen sie an, wir möchten doch

---

[61] „Konversen“ sind die nicht voll zum Orden gehörenden Laienbrüder der alten monastischen Orden.

[62] In diesem Zusammenhang ist wohl an Kinder zu denken, die von ihren Eltern schon in jugendlichem Alter als „pueri oblati“ dem Leben in einem monastischen Orden geweiht wurden.

alle im wahren Glauben und in der Buße ausharren; denn anders kann niemand gerettet werden.

8 Laßt uns alle „aus ganzem Herzen, aus ganzer Seele, aus ganzer Gesinnung, aus aller Kraft (vgl. Mk 12, 30) und Stärke, mit ganzem Verstand (vgl. Mk 12, 33), mit allen Kräften“ (vgl. Lk 10, 27), mit ganzer Anstrengung, mit ganzer Zuneigung, mit unserem ganzen Inneren, mit allen Wünschen und aller Willenskraft „Gott den Herrn“ (Mk 12, 30 par.) lieben, der uns allen den ganzen Leib, die ganze Seele und das ganze Leben geschenkt hat und schenkt, der uns erschaffen hat, erlöst hat und uns einzig durch sein Erbarmen retten wird (vgl. Tob 13, 5), der uns Elenden und Armseligen, Üblen und Abscheulichen[63], Undankbaren und Bösen alles Gute erwiesen hat und erweist.

9 Nichts anderes wollen wir darum ersehnen, nichts anderes wollen, nichts anderes soll uns gefallen und erfreuen als unser Schöpfer und Erlöser und Retter, der alleinige wahre Gott, der ist die Fülle des Guten, alles Gute, das gesamte Gute, das wahre und höchste Gut, der allein gut ist (vgl. Lk 18, 19), gnädig, gütig, milde und freundlich, der allein heilig ist, gerecht, wahr, heilig und einfach, der allein gütig, uneigennützig, rein ist, von dem und durch den und in dem alle Vergebung, alle Gnade, alle Herrlichkeit für alle Bußetuenden und Gerechten, für alle Glück-
10 seligen, die sich im Himmel mitfreuen, herkommt. Nichts
11 also soll hindern, nichts trennen, nichts fälschen[64]. Überall, an jedem Orte, zu jeder Stunde und zu jeder Zeit, täglich und unablässig wollen wir alle wahrhaft und demütig an ihn glauben und an ihm im Herzen festhalten und ihn lieben, ehren, anbeten, ihm dienen, ihn loben und benedeien, verherrlichen und hoch erheben, ihn preisen und ihm Dank erweisen, dem erhabensten und höchsten ewigen Gott, der Dreifaltigkeit und Einheit, dem Vater und dem Sohn und dem Heiligen Geist, dem Schöpfer

[63] Vgl. Fragmente ... Anmerkung 3.

[64] Das Objekt dieses Satzes wird nicht genannt. Man wird es wohl in dem „Gottesbekenntnis“ von Vers 9 sehen dürfen: Nichts soll dieses Gottesbekenntnis hindern, nichts soll von ihm trennen, durch nichts soll es gefälscht werden. Der folgende Vers 11 bestätigt diese Erklärung.

von allem und dem Retter aller, die an ihn glauben und auf ihn hoffen und ihn lieben, der ohne Anfang und ohne Ende ist, unveränderlich, unsichtbar, unbeschreiblich, unaussprechlich, unbegreiflich, unerforschlich (vgl. Röm 11, 33), gepriesen, lobwürdig, ruhmreich, hocherhoben (vgl. Dan 3, 52), erhaben, groß, milde, liebenswert, Freude bereitend und ganz über alles zu ersehnen in Ewigkeit. Amen.

[24. Kapitel
Schluß]

1 Im Namen des Herrn! Ich bitte alle Brüder, den Wortlaut und Sinn dessen, was in dieser Lebensordnung zum Heile unserer Seele geschrieben ist, zu erlernen und sich
2 dieses häufig ins Gedächtnis zurückzurufen. Und ich flehe zu Gott, er, der allmächtig, dreifaltig und einer ist, möge alle segnen, die dieses lehren, lernen, bei sich haben, sich zu Herzen nehmen und vollbringen, sooft sie wiederholen und tun, was daselbst zum Heil unserer Seele ge-
3 schrieben ist. Und ich beschwöre alle mit dem Kuß der Füße, dieses von Herzen zu lieben, zu befolgen und auf-
4 zubewahren. Und von seiten Gottes, des Allmächtigen, und des Herrn Papstes und im Gehorsam gebiete ich, Bruder Franziskus, streng, und befehle, daß niemand von dem, was in dieser Lebensordnung geschrieben ist, etwas streiche oder ihr etwas weiteres schriftlich hinzufüge (vgl. Dt 4, 2; 12, 32), sowie auch, daß die Brüder keine andere Regel haben sollen.

5 Ehre sei dem Vater und dem Sohn und dem Heiligen Geist, wie es war im Anfang, so auch jetzt und immer und von Ewigkeit zu Ewigkeit. Amen.

Regel für Einsiedeleien[1] (RegEins)

Mit dieser Anweisung für jene Brüder, die in der Einsamkeit ein beschauliches Leben führen wollen, ist ein wertvolles Zeugnis urfranziskanischen Lebens erhalten geblieben. Franziskus hat diese „Zusatzregel" zur eigentlichen Regel geschaffen, um dem Leben der Brüder in Einsiedeleien einen Rahmen zu geben, wobei er der persönlichen Gestaltungskraft des einzelnen einen weiten Raum läßt.

1 Jene, die als Ordensleute in Einsiedeleien verweilen
wollen[2], sollen zu drei oder höchstens zu vier Brüdern
sein. Zwei von ihnen sollen die Mütter sein und sollen
2 zwei Söhne oder wenigstens einen haben. Jene beiden, die
Mütter sind, sollen das Leben der Martha führen, und die
beiden Söhne sollen das Leben der Maria führen (vgl. Lk
10, 38-42); und sie sollen ein umzäuntes Stück Land[3]
haben, in dem ein jeder seine Zelle habe[4], in der er bete
3 und schlafe. Und immer sollen sie die Komplet vom Tag
sofort nach Sonnenuntergang beten; und sie seien bemüht, das Stillschweigen einzuhalten; und sie sollen ihre
Tagzeiten beten; und zur Matutin sollen sie aufstehen und
„zuerst das Reich Gottes und seine Gerechtigkeit su-
4 chen" (Mt 6, 33). Und sie sollen die Prim beten zu der
Stunde, da es sich ziemt, und nach der Terz mögen sie
das Stillschweigen lösen; und sie können sprechen und zu

---

[1] Der lateinische Titel lautet: „Regula pro eremitoriis data" (Abkürzung: RegEr). Lateinische Ausgabe: *Eßer*, Die Opuscula, 405-412; *Eßer*, Opuscula, 295-298.

[2] Wörtlich übersetzt lautet dieser Relativsatz so: „jene, die ordensmäßig in Einsiedeleien Halt machen wollen". Der Ausdruck „Halt machen" ist noch für jene Situation gebraucht, da die Brüder als Wanderprediger durch die Welt zogen.

[3] Der lateinische Ausdruck „claustrum" bedeutet hier, wie auch in Vers 7, nicht „Kloster", sondern bezeichnet ein umfriedetes Terrain, ganz allgemein „ein umzäuntes Stück Land".

[4] Wenn von „Zellen" die Rede ist, so darf man sich darunter keine einzelnen Zimmer vorstellen. Vielmehr waren es Felsenhöhlen oder primitive Einzelbehausungen einfachster Bauart, die in dem umfriedeten Stück Land zerstreut waren und sich meist um eine Kapelle als Mittelpunkt verteilten. So zeigt es noch heute die örtliche Tradition bei den Carceri, auf dem Monteluco, bei Speco di San Urbano u. a.

5 ihren Müttern gehen. Und wenn es beliebt, können sie
von ihnen Almosen erbitten wie ganz geringe Arme um
6 der Liebe Gottes des Herrn willen. Und danach sollen sie
die Sext beten und die Non; und die Vesper sollen sie
7 beten zu der Stunde, da es sich ziemt. Und in dem umzäunten
Stück Land, wo sie weilen, dürfen sie keiner
Person Eintritt gestatten, und sie sollen auch dort nicht
8 essen. Jene Brüder, die Mütter sind, seien bestrebt, von
jedermann fernzubleiben; und dem Gehorsam gegen ihren
Minister entsprechend sollen sie ihre Söhne vor jedermann
behüten, damit niemand mit ihnen sprechen kann.
9 Und die Söhne selbst dürfen mit niemandem reden außer
mit ihren Müttern und mit ihrem Minister und Kustos,
wenn er sie nach Belieben aufsucht mit dem Segen Gottes
10 des Herrn. Die Söhne aber sollen bisweilen das Amt der
Mütter übernehmen, wie es ihnen gut scheint, dies abwechselnd
für eine Zeit zu ordnen, damit sie sorgsam
und eifrig alles oben Gesagte zu beobachten bestrebt seien.

Schriftstück für Bruder Leo[1]

Dieses Dokument ist von Franziskus mit eigener Hand geschrieben und wird heute im Sacro Convento zu Assisi aufbewahrt. Bruder Leo hat dem Franziskus-Text einiges Wissenswerte über das Schriftstück mit roter Tinte hinzugefügt. Diese Bemerkungen sind unserer Übersetzung am Ende beigegeben. Daraus ist zu ersehen, daß das Dokument bald nach der Einprägung der Wundmale geschrieben wurde, also wohl noch im September 1224.

a) Lobpreis Gottes[2] (LobGott)

Der Text dieses Lobliedes ist auf dem Original an verschiedenen Stellen unleserlich geworden. Doch ließ sich der ursprüngliche Text fast lückenlos wiederherstellen.

1 Du bist der heilige Herr, der alleinige Gott, „der du Wunderwerke vollbringst" (Ps 76, 15).
2 Du bist der Starke.
Du bist der Große (vgl. Ps 85, 10).
Du bist der Erhabenste
Du bist der allmächtige König, du „heiliger Vater" (Joh 17, 11), „König des Himmels und der Erde" (vgl. Mt 11, 25).
3 Du bist der dreifaltige und eine Herr, der Gott aller Götter (vgl. Ps 135, 2).
Du bist das Gute, jegliches Gut, das höchste Gut, der Herr, der lebendige und wahre Gott (vgl. 1 Thess 1, 9).
4 Du bist die Liebe, die Minne.
Du bist die Weisheit.
Du bist die Demut.
„Du bist die Geduld" (Ps 70, 5).
Du bist die Schönheit.
Du bist die Milde.
Du bist die Sicherheit.
Du bist die Ruhe.
Du bist die Freude.
Du bist unsere Hoffnung und Fröhlichkeit.

---

[1] Der lateinische Titel lautet: „Chartula fr. Leoni data."

[2] Der lateinische Titel lautet: „Laudes Dei altissimi" (Abkürzung: LaudDei). Lateinische Ausgabe: *Eßer*, Die Opuscula, 139-142; *Eßer*, Opuscula, 89-91.

Du bist die Gerechtigkeit.
Du bist das Maßhalten.
Du bist all unser Reichtum zur Genüge.
5 Du bist die Schönheit.
Du bist die Milde.
„Du bist der Beschützer" (Ps 30, 5).
Du bist unser Wächter und Verteidiger.
Du bist die Stärke (vgl. Ps 42, 2).
Du bist die Erquickung.
6 Du bist unsere Hoffnung.
Du bist unser Glaube.
Du bist unsere Liebe.
Du bist unsere ganze Wonne.
Du bist unser ewiges Leben: Großer und wunderbarer Herr, allmächtiger Gott, barmherziger Retter.

b) Segen für Bruder Leo[3] *(SegLeo)*

Auf der Rückseite des Schriftstückes steht der Segen für Bruder Leo. Er entspricht bis auf die letzte Zeile fast genau der alttestamentlichen Segensformel aus Num 6, 24-26, mit der Aaron die Israeliten segnen sollte.

1 „Der Herr segne und behüte dich.
Er zeige dir sein Angesicht und erbarme sich deiner.
2 Er wende dir sein Antlitz zu und schenke dir den Frie-
3 den" (Num 6, 24-26). Der Herr segne dich, Bruder Leo
(vgl. Num 6, 27b).

Oberhalb dieser Segensworte hat Bruder Leo mit roter Tinte folgendes geschrieben: „Der selige Franziskus hielt zwei Jahre vor seinem Tod in der Niederlassung des Alverna zu Ehren der seligen Jungfrau Maria, der Mutter Gottes, und des seligen Erzengels Michael ein vierzigtägiges Fasten vom Feste der Aufnahme der heiligen Jungfrau Maria bis zum Feste des heiligen Erzengels Michael im September. Und es legte sich die Hand des Herrn auf ihn; nach Vision und Anrede eines Seraphim und Einprägung der Wundmale Christi in seinem Leib verfaßte er diese Lobpreisungen, die auf der anderen Seite des Blattes ge-

---

[3] Der lateinische Titel lautet: „Benedictio fr. Leoni data" (Abkürzung: BenLeo). Lateinische Ausgabe: *Eßer*, Die Opuscula, 143; *Eßer*, Opuscula, 91-92.

schrieben stehen, und schrieb sie mit eigener Hand, indem er Gott für die ihm verliehene Wohltat dankte."

Unter den Text des Segens sind von Bruder Leo ebenfalls mit roter Tinte folgende Worte hinzugefügt: „Der selige Franziskus hat diesen Segen mit eigener Hand für mich, Bruder Leo, geschrieben."

Unter den Buchstaben T ist ein Kopf gezeichnet. Bruder Leo schreibt dazu am unteren Rand die Erklärung: „Ebenso verfertigte er dieses Zeichen Thau(!) mit dem Kopf mit eigener Hand"[4].

---

[4] Franziskus hat das Zeichen Tau gerne verwendet. Er setzte es unter seine Briefe und malte es in Kapellen auf die Wand. Er hat das Tau geradezu als das Wappenzeichen der Minderen Brüder angesehen, wie ersichtlich ist aus 3 Celano 3 und 159. Diese Hochschätzung geht wohl zurück auf Ez 9, 4-6, wo die Auserwählten mit diesem Zeichen auf der Stirn besiegelt werden: „Rühret aber niemand an, der das Tau trägt" (Ez 9, 6). Hinzuzunehmen ist auch Offb 7, 3: „Schädigt nicht das Land und das Meer und die Bäume, bis wir die Knechte unseres Gottes mit dem Siegel auf ihrer Stirn bezeichnet haben."

Sonnengesang[1] (Sonn)

Dieses Loblied entstand in jenen Tagen, als Franziskus im Herbst 1225 krank bei San Damiano daniederlag. Ob das Lied in einem Zug entstand, oder ob die Strophen 1-9 (und 14?) zuerst verfaßt wurden, danach die Friedensstrophe angefügt wurde und Franziskus im Angesicht des Todes die Strophe über den Tod verfaßt hat, ist nicht mit Sicherheit zu sagen. Der Sonnengesang ist in altitalienischer Sprache verfaßt. Seinem Charakter wird man nur gerecht, wenn man ihn als Gebet sieht.

1 Erhabenster, allmächtiger, guter Herr,
dein sind der Lobpreis, die Herrlichkeit
und die Ehre und jegliche Benedeiung.
2 Dir allein, Erhabenster, gebühren sie,
und kein Mensch ist würdig, dich zu nennen.
3 Gepriesen seist du, mein Herr,
mit allen deinen Geschöpfen,
zumal der Herrin, Schwester[2] Sonne,
denn sie ist der Tag,
und spendet das Licht uns durch sich.
4 Und sie ist schön und strahlend in großem Glanz.
Dein Sinnbild trägt sie, Erhabenster.
5 Gepriesen seist du, mein Herr,
durch[3] Bruder Mond und die Sterne,
am Himmel hast du sie gebildet,
hell leuchtend und kostbar und schön.

---

[1] Der lateinische Titel lautet: „Canticum fratris Solis vel Laudes creaturarum" (Abkürzung: CantSol). Italienische und lateinische Augabe: *Eßer*: Die Opuscula, 122-133; *Eßer*, Opuscula, 83-88.

[2] „Bruder" bzw. „Schwester" stimmen im deutschen Sprachgebrauch nicht immer mit dem italienischen überein. Es wurde in der Übersetzung die dem Deutschen gemäße Bezeichnung gewählt.

[3] Das italienische „per", das sich durch das ganze Lied hindurchzieht, kann nach dem Sprachgebrauch der damaligen Zeit sowohl „für", „wegen" als auch „durch" heißen. Grundsätzlich sind beide Möglichkeiten offen. Einen Fingerzeig zugunsten des „durch" gibt aber der „Vorläufer des Sonnengesanges", die „Aufforderung zum Lobe Gottes". Denn dort preist Franziskus den Schöpfer nicht *für* oder *wegen* seiner Geschöpfe, sondern *durch sie* und *mit ihnen.*

6 Gepriesen seist du, mein Herr,
durch Bruder Wind und durch Luft und Wolken
und heiteren Himmel und jegliches Wetter,
durch welches du deinen Geschöpfen den Unterhalt
gibst.
7 Gepriesen seist du, mein Herr,
durch Schwester Wasser,
gar nützlich ist es
und demütig und kostbar und keusch.
8 Gepriesen seist du, mein Herr,
durch Bruder Feuer,
durch das du die Nacht erleuchtest;
und es ist schön und liebenswürdig
und kraftvoll und stark.
9 Gepriesen seist du, mein Herr,
durch unsere Schwester, Mutter Erde,
die uns ernährt und lenkt
und mannigfaltige Frucht hervorbringt
und bunte Blumen und Kräuter.
10 Gepriesen seist du, mein Herr,
durch jene, die verzeihen um deiner Liebe willen
und Schwachheit ertragen und Drangsal.
11 Selig jene, die solches ertragen in Frieden,
denn von dir, Erhabenster, werden sie gekrönt.
12 Gepriesen seist du, mein Herr,
durch unseren Bruder, den leiblichen Tod;
ihm kann kein Mensch lebend entrinnen.
13 Wehe jenen, die in schwerer Sünde sterben.
Selig jene, die sich in deinem allheiligen Willen finden,
denn der zweite Tod[4] wird ihnen kein Leides tun.
14 Lobet und preiset meinen Herrn
und erweiset ihm Dank
und dient ihm mit großer Demut.

[4] Vgl. Offb 2, 11. Der „zweite Tod“ ist die Verdammung im Gericht. Vgl. auch Off 20, 6.

Das Testament[1] (Test)

Das Testament ist in den letzten Lebenstagen des Heiligen entstanden (September/Oktober 1226). Es gibt authentische Auskunft über viele Fragen des Lebens des Heiligen selbst und der Entwicklung seines Ordens, vor allem aber über die geistige Gestalt des hl. Franziskus selbst. Insbesondere ist es das stärkste Zeugnis für die echt kirchliche Gesinnung dieses durch und durch katholischen und apostolischen Mannes.

1 So hat der Herr mir, dem Bruder Franziskus, gegeben,
das Leben der Buße zu beginnen: denn als ich in Sünden
war, kam es mir sehr bitter vor, Aussätzige zu sehen.
2 Und der Herr selbst hat mich unter sie geführt, und ich
3 habe ihnen Barmherzigkeit erwiesen. Und da ich fortging
von ihnen, wurde mir das, was mir bitter vorkam, in
Süßigkeit der Seele und des Leibes verwandelt. Und danach hielt ich eine Weile inne und verließ die Welt.
4 Und der Herr gab mir in den Kirchen einen solchen
5 Glauben, daß ich in Einfalt so betete und sprach: „Wir
beten dich an, Herr Jesus Christus — und in allen deinen
Kirchen, die in der ganzen Welt sind, und preisen dich,
weil du durch dein heiliges Kreuz die Welt erlöst hast“[2].
6 Danach gab und gibt mir der Herr einen so großen
Glauben zu den Priestern, die nach der Vorschrift der
heiligen Römischen Kirche leben, wegen ihrer Weihe, daß
ich, wenn sie mich verfolgen würden, bei ihnen Zuflucht
7 suchen will. Und wenn ich so große Weisheit hätte, wie
Salomon sie gehabt hat, und fände armselige Priester dieser Welt — in den Pfarreien, wo sie weilen, will ich nicht
8 gegen ihren Willen predigen. Und diese und alle anderen will ich fürchten, lieben und ehren wie meine Herren.
9 Und ich will in ihnen die Sünde nicht sehen, weil ich den
Sohn Gottes in ihnen erblicke und sie meine Herren sind.
10 Und deswegen tue ich das, weil ich leiblicherweise von
ihm, dem höchsten Sohn Gottes, in dieser Welt nichts

---

[1] Der lateinische Titel lautet: „Testamentum“ (Abkürzung: Test). Lateinische Ausgabe: *Eßer:* Die Opuscula, 431-447; *Eßer*, Opuscula, 305-317.

[2] Vgl. das Offizium vom Fest Kreuzerhöhung, 14. September.

sehe als seinen heiligsten Leib und sein heiligstes Blut, das
sie selbst empfangen und sie allein den anderen darrei-
11 chen. Und diese heiligsten Geheimnisse will ich über alles
hochgeachtet, verehrt und an kostbaren Stellen aufbe-
12 wahrt wissen. Die heiligsten Namen und seine geschriebe-
nen Worte will ich, wo immer ich sie an ungeziemenden
Stellen finden werde, auflesen und bitte, daß sie aufge-
13 lesen und an einen ehrbaren Ort hingelegt werden. Und
alle Gottesgelehrten und die Gottes heiligste Worte mit-
teilen, müssen wir hochachten und verehren als die uns
Geist und Leben mitteilen (vgl. Joh 6, 64).

14 Und nachdem mir der Herr Brüder gegeben hat, zeigte
mir niemand, was ich zu tun hätte, sondern der Höchste
selbst hat mir geoffenbart, daß ich nach der Vorschrift
15 des heiligen Evangeliums leben sollte. Und ich habe es mit
wenigen Worten und in Einfalt schreiben lassen, und der
16 Herr Papst hat es mir bestätigt. Und jene, die kamen, dies
Leben anzunehmen, gaben „alles, was sie haben mochten"
(Tob 1, 3), den Armen. Und sie waren zufrieden mit
einem Habit, innen und außen geflickt[3], samt Gürtel-
17 strick und Hosen. Und mehr wollten wir nicht haben.
18 Das Offizium sprachen wir Kleriker wie andere Kleriker,
die Laien sprachen Vaterunser. Und sehr gern blieben wir
19 in den Kirchen. Und wir waren ungebildet und jeder-
mann untertänig.

20 Und ich arbeitete mit meinen Händen und will arbei-
ten; und es ist mein fester Wille, daß alle anderen Brüder
21 eine Handarbeit[4] verrichten, die ehrbar ist. Die es nicht
können, sollen es lernen, nicht aus Sucht, den Arbeitslohn
zu empfangen, sondern des Beispiels wegen und um den
22 Müßiggang zu vertreiben. Und wenn uns einmal der
Arbeitslohn nicht gegeben würde, so wollen wir zum
Tisch des Herrn Zuflucht nehmen und Almosen erbitten
von Tür zu Tür.

---

[3] Es geht hier darum, daß ein Kleidungsstück durch innen und außen aufgenähte Stoffstücke verstärkt und damit wärmender gemacht wird.

[4] „laboritium" bedeutet „Handarbeit" in einem ganz bestimmten Sinn, und zwar: Handarbeit auf dem Ackerfeld, die entlohnt wird mit Früchten des bearbeiteten Feldes.

23 Der Herr hat mir geoffenbart, daß wir als Gruß sagen
sollten: „Der Herr gebe dir den Frieden!“
24 Hüten sollen sich die Brüder, daß sie Kirchen, ärmliche
Wohnungen und alles, was für sie gebaut wird, keines-
falls annehmen, wenn sie nicht sind, wie es der heiligen
Armut gemäß ist, die wir in der Regel versprochen ha-
ben; sie sollen dort immer herbergen wie Pilger und
Fremdlinge (vgl. 1 Petr 2, 11).
25 Ich befehle streng im Gehorsam allen Brüdern, wo im-
mer sie auch sind, daß sie nicht wagen sollen, irgendeinen
Brief bei der römischen Kurie zu erbitten, weder durch
sich noch durch eine Mittelsperson, weder für eine Kirche
noch wegen irgendeines Ortes, weder unter dem Vor-
26 wand der Predigt noch wegen leiblicher Verfolgung; son-
dern, wo immer man sie nicht aufnimmt, sollen sie in
ein anderes Land fliehen, um mit dem Segen Gottes Buße
zu tun.
27 Und fest will ich dem Generalminister dieser Brüder-
schaft gehorchen oder sonst dem Guardian, den er mir
28 nach seinem Willen gibt. Und ich will in seinen Händen
sein wie ein Gefangener derart, daß ich nicht gehen noch
handeln kann wider den Gehorsam und seinen Willen,
29 weil er mein Herr ist. Und obwohl ich einfältig und
krank bin, will ich doch immer einen Kleriker haben, der
mit mir das Offizium hält, wie es in der Regel steht.
30 Und alle anderen Brüder sollen gehalten sein, ebenso
ihren Guardianen zu gehorchen und das Offizium der
31 Regel gemäß zu halten. Und sollten sich solche finden,
daß sie das Offizium nicht der Regel gemäß hielten und
auf andere Weise verändern wollten oder nicht katho-
lisch wären — alle Brüder, wo immer sie sind, sollen im
Gehorsam gehalten sein, einen solchen, wo immer sie ihn
finden, dem nächsten Kustos jenes Ortes, wo sie ihn ge-
32 funden haben, vorzuführen. Und der Kustos sei streng
im Gehorsam verpflichtet, ihn bei Tag und bei Nacht
wie einen Gefangenen scharf zu bewachen, so daß er sei-
nen Händen nicht entrissen werden kann, bis er ihn in
eigener Person den Händen seines Ministers übergibt.
33 Und der Minister sei streng im Gehorsam verpflichtet,
ihn durch solche Brüder zu schicken, daß sie ihn bei Tag
und Nacht wie einen Gefangenen bewachen, bis sie ihn

vor den Herrn von Ostia geführt haben, welcher der
Herr, Beschützer und Verbesserer der ganzen Brüder-
schaft ist.
34 Und die Brüder sollen nicht sagen: Dies ist eine an-
dere Regel; denn dies ist eine Erinnerung, Ermahnung,
Aufmunterung und mein Testament, das ich, der ganz
kleine Bruder Franziskus, euch, meinen gebenedeiten Brü-
dern, aus dem Grunde mache, damit wir die Regel, die
wir dem Herrn versprochen haben, besser katholisch be-
obachten.
35 Und der Generalminister und alle anderen Minister
und Kustoden seien im Gehorsam gehalten, zu diesen
36 Worten nichts hinzuzufügen oder wegzunehmen. Und
immer sollen sie dieses Schriftstück bei sich haben neben
37 der Regel. Und auf allen Kapiteln, die sie halten, sollen sie
38 auch diese Worte lesen, wenn sie die Regel lesen. Und
allen meinen Brüdern, Klerikern und Laien, befehle ich
streng im Gehorsam, daß sie keine Erklärungen zur Re-
gel und auch nicht zu diesen Worten hinzufügen, indem
39 sie sagen: So wollen sie verstanden werden. Sondern wie
mir der Herr gegeben hat, einfältig und lauter die Regel
und diese Worte zu sagen und zu schreiben, so sollt ihr sie
einfältig und ohne Erklärung verstehen und mit heiligem
Wirken bis ans Ende beobachten.
40 Und wer immer dieses beobachtet, werde im Himmel
erfüllt mit dem Segen des höchsten Vaters und werde auf
Erden erfüllt mit dem Segen seines geliebten Sohnes in
Gemeinschaft mit dem Heiligsten Geiste, dem Tröster,
41 und allen Kräften des Himmels und allen Heiligen. Und
ich, der ganz kleine Bruder Franziskus, euer Knecht, be-
stätige euch, soviel ich nur kann, innen und außen diesen
heiligsten Segen.

Vermächtnis für die heilige Klara[1] (VermKlara)

Wie die „Lebensform für die heilige Klara", so ist auch das „Vermächtnis" auf dem Weg über die Regel der Heiligen[2] erhalten geblieben. Klara setzte beide Schreiben des heiligen Franziskus in das gleiche Kapitel ihrer eigenen Regel. Über die Zeit der Abfassung des Vermächtnisses sagt die heilige Klara ziemlich genau: „... kurz vor seinem Heimgang ..."[3]. Ob dieses Vermächtnis ganz oder nur als Bruchstück überliefert ist, läßt sich nicht entscheiden.

1 Ich, der ganz kleine Bruder Franziskus, will dem Leben
und der Armut unseres höchsten Herrn Jesus Christus
und seiner heiligsten Mutter nachfolgen und darin bis
2 zum Ende verharren. Und ich bitte euch, meine Herrin-
nen, und gebe euch den Rat, ihr möchtet doch allezeit in
3 diesem heiligsten Leben und in der Armut leben. Und
hütet euch sehr, daß ihr nicht auf die Lehre oder den Rat von irgend jemand hin in irgendeiner Form auf ewig davon abweicht.

---

[1] Der lateinische Titel lautet: „Ultima voluntas scripta s. Clarae" (Abkürzung: UltVol). Lateinische Ausgabe: *Eßer*, Die Opuscula, 448-450; *Eßer*, Opuscula, 318.

[2] Regel der hl. Klara, VI, 3 (FranzQuSchr II, 99).

[3] A. a. O.

Diktate (Entwürfe)

In diesem Abschnitt sind die Fragmente einiger Opuscula gesammelt, welche durch die Ungunst der Zeit verlorengingen. Die Nachrichten über diese Opuscula finden sich in der mittelalterlichen Franziskusliteratur. Dort wird erzählt, Franziskus habe Briefe und andere Schriftstücke diktiert. Über ihren *Inhalt* wird glaubwürdig berichtet, doch ist die endgültig geschriebene Fassung nicht erhalten.

a) Brief an die Bürger von Bologna[1] *(BrBol)*

Für diesen Brief gibt es bisher nur eine Quelle, die Chronik des Thomas von Eccleston[2]*. Der Gewährsmann des Chronisten ist Bruder Martin von Barton*[3]*, ein in jeder Hinsicht bewährter Mann, so daß man seinem Bericht Glauben schenken kann:*

Er [Bruder Martin von Barton] erzählte auch, ein Bruder, der in Brescia am Tage der Geburt des Herrn[4] im Gebete verweilte, sei bei einem Erdbeben, als die Kirche einstürzte, unverletzt unter den Steintrümmern aufgefunden worden. Es war jenes Erdbeben, das der heilige Franziskus vorausgesagt und in allen Schulen Bolognas durch die Brüder hatte ankündigen lassen mittels eines Briefes, in dem ein fehlerhaftes Latein stand.

b) Brief an die Brüder in Frankreich[5] *(BrFrank)*

Die Nachricht über diesen Brief ist wiederum nur bei Thomas von Eccleston zu finden[6]*. Auch der Gewährsmann*

---

[1] Der lateinische Titel lautet: „Epistola civibus Bononiensibus scripta" (Abkürzung: EpBon). Lateinische Ausgabe: *Eßer,* Die Opuscula, 453-454; *Eßer,* Opuscula, 321.

[2] *Thomas von Eccleston,* Bericht von der Ankunft der Minderbrüder in England, 6. Abschnitt (FranzQuSchr VI, 150).

[3] Vgl. FranzQuSchr VI, 149.

[4] Dieses Erdbeben wird in verschiedenen Chroniken berichtet und war am 25. Dezember 1222. Der Brief wurde also vor Weihnachten 1222 geschrieben.

[5] Der lateinische Titel lautet: „Epistola fratribus Franciae missa" (Abkürzung: EpFranc). Lateinische Ausgabe: *Eßer,* Die Opuscula, 457-458; *Eßer,* Opuscula, 323.

[6] *Thomas von Eccleston,* Bericht von der Ankunft der Minderbrüder in England, 6. Abschnitt (FranzQuSchr VI, 149).

ist derselbe. Dem Chronisten lag mehr an den Umständen, unter denen der Brief geschrieben wurde, als an dessen Inhalt[7]*:*

1 ... schrieb der selige Franziskus eigenhändig einen
Brief ... an den Minister und die Brüder der Francia[8],
2 sie sollten frohlocken, / wenn sie den Brief sähen, und
3 Gott, der Dreifaltigkeit, die Lobpreisungen[9] singen: „Laßt
uns preisen den Vater und den Sohn mit dem Heiligen
Geist."

c) Brief an Herrin Jakoba[10] *(BrJak)*

Die Abfassung des Briefes ist in den Quellen gut bezeugt. Die Reihe der Zeugen beginnt mit Thomas von Celano[11]*, der sich auf einen damals anwesenden Zeugen berufen kann: den Sohn von Herrin Jakoba*[12]*. Celano berichtet, Franziskus habe einige Tage vor seinem Tod einen Brief an Jakoba von Settesoli schreiben lassen, sie möge sofort von Rom kommen, wenn sie ihn noch lebend sehen wolle. „Der Brief wird geschrieben ..."*[13]*; doch als sich der Bote auf den Weg machen will, trifft Herrin Jakoba ein. Sie hatte alles mitgebracht, was Franziskus im Brief erbeten hatte. Aufgrund des Berichtes von Celano läßt sich auch die Abfassungszeit festlegen: in den Tagen vom*

---

[7] Da Franziskus diesen Brief, wie der Chronist berichtet, „eigenhändig" geschrieben hat, gehörte er eigentlich nicht in dieses Kapitel. Doch soll diese Zuordnung beibehalten werden wie in den beiden Ausgaben von *Eßer*, der mit Recht dazu bemerkt: „Weil wir aber nur indirekt über seinen Inhalt unterrichtet sind, wird er im Zusammenhang dieses Kapitels am ehesten zu behandeln sein" (*Eßer*, Die Opuscula, 457, Anmerkung 26).

[8] „Francia" ist die Ordensprovinz des französischen Gebietes, welche die nördlichen Gebiete des heutigen Frankreich und Wallonien (Belgien) umfaßt.

[9] Ob damit das „Preisgebet zu allen Horen" gemeint ist, läßt sich nicht sagen. — Zeitlich läßt sich der Brief nicht fixieren.

[10] Der lateinische Titel lautet: „Epistola dominae Jacobae scripta" (Abkürzung: EpJac). Lateinische Ausgabe: *Eßer*, Die Opuscula, 455-456; *Eßer*, Opuscula, 322-323.

[11] 3 Celano 37-38.

[12] 3 Celano 39.

[13] 3 Celano 37.

28. September bis 1. Oktober 1226. Die Inhaltsangabe des Briefes bei Celano ist folgende:

(... es fand sich, daß die heilige Frau alles mitgebracht hatte, was im soeben fertiggestellten Brief als zum Begräbnis des Vaters erwünscht geschrieben worden war:) Denn ein aschgraues Tuch, das den Leib des Scheidenden bedecken sollte, auch viele Kerzen, ein Linnen für sein Antlitz, ein kleines Kopfkissen und jene Speise, die sich der Heilige gewünscht hatte[14], brachte sie.

d) Brief an die heilige Klara über das Fasten[15] (BrKlara)

Die heilige Klara von Assisi spricht in ihrem dritten Brief an die selige Agnes von Prag, der wohl in den ersten Monaten des Jahres 1238 abgefaßt wurde[16], von einem Brief des heiligen Franziskus, in dem Franziskus für Klara und ihre Schwestern an bestimmten Festtagen das Fasten aufgehoben habe[17]. Dieser Brief ist in seinem Wortlaut nicht erhalten. Doch kann aufgrund der Aussage der heiligen Klara einiges von seinem Inhalt erschlossen werden. Klara schreibt nämlich[18]:

1 Darüber aber, was du mir schon zu eröffnen aufgetragen hast, glaubte ich deiner Liebe antworten zu müssen; es sind nämlich die Festtage, die zufällig, wie ich vermute, auch dir besonders teuer gewesen sind, die unser glorreicher Vater, der heilige Franziskus, mit Abwechslung im
2 Essen uns zu feiern besonders gemahnt hat. Jedenfalls soll deine Klugheit wissen, daß außer den gebrechlichen und kranken Schwestern, denen wir gemäß seiner Mahnung und seinem Befehl hinsichtlich aller Speisen die größtmögliche Rücksichtnahme angedeihen lassen sollen, keine von uns Gesunden und Kräftigen etwas anderes als nur Fastenspeisen genießen darf, sowohl an Wochentagen wie an Festtagen. An jedem Tag müssen wir fasten,

[14] „... ein Gebäck, das sie ihm in Rom oft zubereitet hatte" (*Eßer*, Die Opuscula, 456).

[15] Der lateinische Titel lautet: „Epistola s. Clarae de ieiunio scripta" (Abkürzung: EpCl). Lateinische Ausgabe: *Eßer*, Die Opuscula, 454-455; *Eßer*, Opuscula, 321-322.

[16] FranzQuSchr II, 24.

[17] 3. Brief, nr. 4, in: FranzQuSchr II, 124.

[18] A. a. O. (FranzQuSchr II, 123, 21-124, 12).

außer an den Sonntagen und an Weihnachten; an diesen
3 Tagen sollen wir zweimal am Tage essen dürfen. Auch an
den gewöhnlichen Donnerstagen ist das Fasten dem Belieben der einzelnen Schwester überlassen, so daß jene, die
4 nicht will, dazu nicht gehalten sein soll. Wir Gesunden
fasten jedoch täglich außer an den Sonntagen und an
5 Weihnachten. An jedem Osterfest aber und an den Festen
der heiligen Maria und der heiligen Apostel sind wir
ebenfalls nicht zum Fasten gehalten, wie ein Schreiben des
seligen Franziskus sagt, außer es fallen diese Feste auf
6 einen Freitag; und wie schon vorher erwähnt, essen wir,
die gesund und kräftig sind, immer nur Fastenspeisen.

e) Die wahre und vollkommene Freude[19] (VollFreud)

Neben dem „Segen für Bruder Bernhard" und dem „Testament von Siena" ist die Erzählung von der „wahren und vollkommenen Freude" ein ganz typisches Diktat. Franziskus ruft seinen Sekretär und diktiert.

Die Erzählung von der „vollkommenen Freude" gehört zu den bekanntesten Berichten um Franziskus. Sie ist den meisten geläufig aus dem Buch der Fioretti[20]. Neben dieser poesievoll ausgestatteten Fassung existiert eine frühere einfache, fast schmucklose Textgestalt[21]. Deren Gewährsmann ist Bruder Leonard von Assisi[22].

Die Gedanken um die „vollkommene Freude" sind eng verwandt mit der 5. Ermahnung des Heiigen, so daß man erstere eine Ausgestaltung und Entfaltung der letzteren nennen könnte.

1 Derselbe [Br. Leonardus] berichtete ebendort, daß der
selige Franziskus eines Tages bei Santa Maria[23] Bruder Leo
2/3 rief und sagte: „Bruder Leo, schreibe!" Er antwortete:

---

[19] Der lateinische Titel lautet: „De vera et perfecta laetitia" (Abkürzung: VPLaet). Lateinische Ausgabe: *Eßer*: Die Opuscula, 459-461; *Eßer*, Opuscula, 324-326.

[20] In den zahlreichen Ausgaben der Fioretti Kapitel 8 oder 9, gelegentlich auch als Kapitel 7.

[21] Florenz, Biblioteca Nazionale Centrale, Conventi soppressi C. 9. 2878; geschrieben 1316/40. Text herausgegeben in: ArchFrancHist 20 (1927) 107.

[22] Über ihn vgl. 2 Celano 31 (FranzQuSchr V 256).

[23] Gemeint ist Portiunkula; vgl. 2 Celano 18-19.

„Sieh, ich bin bereit!“ „Schreibe“, sagte er, „was die wahre
4 Freude ist. Es kommt ein Bote und sagt, daß alle Magi-
ster von Paris zum Orden gekommen sind. Schreibe: das
5 ist nicht die wahre Freude. Ebenso, alle Prälaten jenseits
der Alpen, die Erzbischöfe und Bischöfe; ebenso der
König von Frankreich und der König von England.
6 Schreibe: Das ist nicht die wahre Freude. Ebenso, daß
meine Brüder zu den Ungläubigen gegangen sind und sie
alle zum Glauben bekehrt haben; ebenso, daß ich von
Gott solch große Gnade erhalten habe, daß ich Kranke
heile und viele Wunder wirke. Ich sage dir, daß in all
dem nicht die wahre Freude ist.
7/8 Was aber ist die wahre Freude? Ich kehre von Perugia
zurück, und in tiefer Nacht komme ich hierher, und es ist
Winterszeit, schmutzig und so kalt, daß die kalten Was-
sertropfen am Saum des Habits gefrieren und immer an
die Schienbeine schlagen, und das Blut aus diesen Wunden
9 fließt. Und völlig in Schmutz und Kälte und Eis komme
ich zur Pforte, und nachdem ich lange geklopft und ge-
rufen habe, kommt der Bruder und fragt: ‚Wer ist da?‘
10 Ich antworte: ‚Bruder Franziskus.‘ Und er sagt: ‚Geh
11 fort! Es ist nicht die schickliche Zeit auszugehen. Du
kommst nicht herein.‘ Und auf weiteres Drängen ant-
wortet er: ‚Geh weg! Du bist der nämliche einfältige und
ungebildete Mensch. Du kommst auf keinen Fall zu uns.
Wir sind so viele und von solcher Art, daß wir dich nicht
12 brauchen.‘ Und ich stehe wiederum an der Pforte und
sage: ‚Um der Liebe Gottes willen, nehmt mich auf in
13 dieser Nacht.‘ Und jener antwortet: ‚Das werde ich nicht
14 tun. Geh zur Niederlassung der Kreuzträger[24] und bitte
15 dort.‘ Ich sage dir: Wenn ich Geduld habe und nicht er-
regt werde, daß darin die wahre Freude ist und die wahre
Tugend und das Heil der Seele.“

f) Segen für Bruder Bernhard[25] (SegBern)

Der Segen für Bruder Bernhard von Quintavalle wird öfter erwähnt, und zwar in den Sammlungen des 14.

[24] Vom Orden der Kreuzträger wurden damals viele Hospitäler in Assisi und in seiner Umgebung betreut.

[25] Der lateinische Titel lautet: „Benedictio fr. Bernardo data“ (Abkürzung: BenBern). Lateinische Ausgabe: *Eßer*, Die Opuscula, 451-452; *Eßer*, Opuscula, 319-320.

Jahrhunderts. Er gehört, wie aus den einleitenden Worten ersichtlich ist, zu den Diktaten im strengen Sinn. Zeitlich anzusetzen ist dieser Segen in der Woche vor dem Tod des Heiligen. Er hat folgenden Wortlaut:

1/2 Schreibe, wie ich dir sage: Der erste Bruder, den mir
der Herr gegeben hat, war Bruder Bernhard. Und er ist
es, der die Vollkommenheit des Evangeliums als erster
begonnen und ganz vollkommen erfüllt hat, indem er
3 alle seine Güter den Armen austeilte. Deshalb und wegen
vieler anderer Vorzüge bin ich gehalten, ihn mehr zu
lieben als irgendeinen anderen Bruder des ganzen Or-
4 dens. Darum will und befehle ich, wie ich nur kann, daß,
wer auch immer Generalminister ist, ihn lieben und
ehren soll wie mich selber. Und auch die anderen Pro-
5 vinzialminister und Brüder des ganzen Ordens sollen ihn
an meiner Stelle achten.

g) Segen für die heilige Klara und ihre Schwestern[26] *(SegKlara)*

In fast denselben Quellen, welche den „Segen für Bruder Bernhard" überliefern, wird berichtet, Klara sei kurz vor dem Tod des heiligen Franziskus selbst schwer krank gewesen. Untröstlich darüber, daß sie den Heiligen nicht mehr sehen sollte, ließ sie ihm durch einen Bruder darüber Nachricht zukommen. Daraufhin schickte Franziskus einen Brief an Klara mit einem schriftlichen Segen. Dem Boten gab Franzikus auch das Versprechen mit, Klara und ihre Schwestern würden ihn nach seinem Tode noch einmal sehen. Der Inhalt des Briefes wird in den Berichten nur sehr allgemein wiedergegeben. Immerhin ist daraus zu ersehen: Franziskus hat sein Versprechen, immer um die Schwestern in S. Damiano besorgt zu sein[27]*, bis zu seinem Tod gehalten. Der Bericht über Brief und Segen lautet:*

1 ... um sie zu trösten, schrieb er ihr durch einen Brief /

---

[26] Der lateinische Titel lautet: „Benedictio s. Clarae et eius sororibus in scriptis missa" (Abkürzung: BenCl). Lateinische Ausgabe: *Eßer*, Die Opuscula, 452-453, *Eßer*, Opuscula, 320.

[27] LebKlara 2.

2 seinen Segen und sprach sie auch los von allem Versagen, falls eines bei ihr vorläge, gegenüber seinen Weisungen und Willensäußerungen des Sohnes Gottes.

h) Testament von Siena[28] *(TestSien)*

In einer Reihe von Quellen zum Leben des heiligen Franziskus des 14. Jahrhunderts ist die Rede von einem kurzen Testament, das Franziskus im April oder Mai zu Siena diktiert hat. Dort war Franziskus so schwerkrank, daß die Brüder meinten, er sei dem Tod nahe. Sie baten den Heiligen um seinen Segen und um „ein Andenken an seinen Willen“[29]*. Franziskus ließ den Bruder Benedikt von Pirato (Prato?) rufen und forderte ihn auf, seine letztwillige Verfügung niederzuschreiben. Zwar ist der ausgeführte Text nicht erhalten geblieben, doch ist das, was die Quellen über das Diktat berichten, aufschlußreich genug, um zu erfahren, welche Anliegen Franziskus am Ende seines Lebens am Herzen lagen. „Die drei Sätze bilden wirklich die tragenden Leitgedanken seines Ordenslebens, die er auch für die Zukunft gewahrt wissen wollte. Von Wichtigkeit scheint da vor allem auch die Reihenfolge zu sein: Brüderliche Liebe, Armut, kirchlicher Gehorsam. Gerade sie verdient bei der Beurteilung von Franziszi letztem Wollen stärkste Beachtung“*[30]*. Der Wortlaut des erhaltenen Diktats ist folgender:*

1 Schreibe, daß ich alle meine Brüder segne, die im Orden
sind und die kommen werden bis zum Ende der Welt ...
2 Weil ich wegen der Schwäche und der Schmerzen der
Krankheit nicht sprechen kann, tue ich kurz in diesen drei
Worten meinen Brüdern meinen Willen kund, nämlich:
3 daß sie sich zum Zeichen des Gedenkens an meinen Segen
4 und an mein Vermächtnis immer gegenseitig lieben; daß

[28] Der lateinische Titel lautet: „Testamentum Senis factum“ (Abkürzung: TestSen). Lateinische Ausgabe: *Eßer*, Die Opuscula, 458-459; *Eßer*, Opuscula, 323-324.

[29] Compilatio Assisiensis, Kap. 59 (S. 150). — An der Echtheit dieses Testamentes ist nicht zu zweifeln (vgl. *Eßer*, Die Opuscula, 458).

[30] *Eßer*, Die Opuscula, 459.

sie immer unsere heilige Herrin Armut lieben und beobachten sollen; und daß sie immer den Prälaten und Klerikern[31] der heiligen Mutter Kirche treu und untergeben sein sollen.

---

[31] Gemeint ist der Gehorsam gegenüber der gesamten kirchlichen Hierarchie.